GRAN
ANGULAR

La mirada de Taylor

JORDI SIERRA I FABRA

sm

fundación sm

**La Fundación SM destina los beneficios
de las empresas SM a programas culturales
y educativos, con especial atención a los
colectivos más desfavorecidos.**

Si quieres saber más sobre los programas
de la Fundación SM, entra en
www.fundacion-sm.org

LITERATURA**SM**•COM

Primera edición: marzo de 2026

Dirección editorial: Berta Márquez
Coordinación editorial: Carolina Pérez
Dirección de arte: Lara Peces
Coordinación de diseño: Marta Mesa
Cubierta: Cristina Cid

© del texto: Jordi Sierra i Fabra, 2026
© Ediciones SM, 2026
Impresores, 2
Parque Empresarial Prado del Espino
28660 Boadilla del Monte (Madrid)
www.grupo-sm.com

ISBN: 978-84-1055-383-5
Depósito legal: M-4583-2026
Impreso en España / *Printed in Spain*

El papel utilizado para la impresión de este libro
está calificado como papel ecológico y procede de bosques
gestionados de manera sostenible.

A las y los swifties.
*Y a todas las que han hecho del fútbol femenino
un fenómeno imparable en España.*

UNO
LA LESIÓN

1

Que les hubieran marcado un gol en el descuento de la primera parte era un jarro de agua fría. Además, un gol inmerecido. Ellas habían disparado a puerta una quincena de veces y, del total, al menos diez entre los tres palos. En cambio, a las visitantes les había bastado con un solo chut. Tocaba apretar los dientes.

Desde luego, sus oponentes eran guerreras, tanto o más que ellas. Entraban duro, no se arrugaban. Sintiéndose inferiores en cuanto a técnica y calidad, empleaban sus armas para marcar la raya, defendiéndose bien y moviéndose al contragolpe en cuanto tenían ocasión.

De vuelta al terreno de juego, la entrenadora las había espoleado:

–¡Controlad las subidas de la 10! ¡Corre lo suficiente como para que, si os gana la espalda, repita lo que acaba de hacer! ¡Tú, Carmen, no dejes que tu par piense, no le des tiempo! ¡Tú, Sara, escórate más a la izquierda, saca a tu defensora del área para que Berta pueda tener un pasillo por ese lado! ¡Y tú, Mireia, piensa más rápido, un toque, dos, con tres ya te han leído la jugada!

Mireia era ella.

Apretó los dientes.

No estaba jugando bien, pero tampoco mal. Solo era que las visitantes se habían cerrado atrás, sin dejar huecos. Un bloque bajo y sólido.

La salida del equipo fue saludada por los aplausos del escaso público, la mayoría familia o amigas. También algunos novios y curiosos por ver a veintidós chicas con pantalón corto. Para el machismo, pese a los años de asentamiento del fútbol femenino, todavía era una novedad. No faltaban comentarios de lo más grosero, dichos sin el menor rubor, sobre todo en grupos alejados de las zonas donde había más gente.

—¿Qué te pones para que no te boten las tetas? ¡Porque las tienes bien grandes!

—Guapa, ¡ven aquí a sacar el fuera de banda!

—¿Tienes novio?

Tenían que fingir que no oían nada, concentrarse en el partido, aunque a veces costaba no rebelarse. Los comentarios podían ir del mal gusto a la asquerosidad. En las redes sociales, los idiotas actuaban sin consecuencias, siempre desde el anonimato. Allí no. Allí lo hacían a cara descubierta, escudados en la complicidad del grupo. Al menos cuando jugaban en su campo no se oían comentarios racistas por las dos jugadoras negras del equipo, Navia y Mtabe.

Se unieron en el centro del campo formando un círculo.

—¡Vamos a por ellas! ¿Creéis que no se cansan solo de defender? ¡Hay que asustarlas desde el primer minuto! —las animó Mireia, que por algo era la capitana—. Nada más sacar, corred al área, que yo os la centro al punto de penalti. ¡Y vosotras presionad! —les gritó a las dos centrocampistas.

Se dieron voces de ánimo.

Luego se desplegaron y ocuparon sus puestos.

La árbitra hizo sonar el silbato.

Berta, la delantera centro, la pasó hacia atrás y, en el mismo momento, antes de que Mireia la controlase, ya echaron a correr todas como flechas, sorprendiendo a las jugadoras del equipo visitante. Tal y como había dicho, Mireia apenas si dio unos pasos hacia delante, cruzando la línea del mediocampo. Todavía en el círculo central, envió un medido centro al área. Saltaron cuatro jugadoras, dos de cada equipo, y el rechace fue a parar a Navia, en el extremo derecho. La chica levantó la cabeza y no vio a nadie libre para enviarle un centro, pero sí a Mireia, que corría sola acercándose al área.

El pase fue preciso.

Pero más lo fue el disparo de Mireia, que, pese a la vertical carrera, consiguió conectar perfectamente el pie izquierdo con el balón.

El chut, seco, potente, sin efecto y directo, hizo salir la bola a una velocidad de vértigo.

Imposible para la portera.

Se le coló por toda la escuadra.

—¡Gol!

El público se animó. Las jugadoras visitantes apretaron dientes y puños, vencidas por aquella genialidad. No les extrañó que el gol lo hubiese marcado la mejor de sus rivales, que ahora se encontraba sepultada por todas sus compañeras en la banda, después de saltar con rabia corriendo unos metros y repetir:

—¡Sí, sí, sí!

Bajo los cuerpos de sus diez amigas, más alguna de las suplentes que también habían entrado en el terreno de juego, Mireia oyó sus comentarios.

—¡La hostia, tía!

—¡Qué pasada!

—¡Eres la mejor!

No se sentía la mejor. Necesitaba aprender mucho más. Tenía competencia. Pero, qué caramba, ¡había sido un golazo!

Dos a uno.

Volvían a estar en el buen camino.

Cuando regresaron a su campo, felices, oyeron gritar a la entrenadora:

—¡Ahora, cabeza, y seguid presionando y atacando!

Quedaba toda la segunda parte, pero se sentían mejores, y ya iban ganando.

Nada más sacar de centro, el equipo rival intentó una tímida progresión por la izquierda. La jugadora del extremo corrió la banda hasta que se encontró tapada por dos defensas. Su pase a la número 10 no fue bueno. Interceptado por Sara, que controló el esférico tranquilamente, la defensa buscó con la mirada a Mireia, la dueña del centro del campo. De cara a ella, Mireia esperó a que le llegase la pelota.

La recibió.

Pero no vio venir a la rival encargada de presionarla, sin duda mosqueada por el gol que acababa de marcar y sabiendo que todo el juego pasaba por ella. Más que entrarle, la atropelló, inesperadamente, por detrás. Como un tanque. Mireia salió despedida como si fuera de goma.

Sabía caer, pero en este caso la tarascada la desestabilizó por completo.

Al tocar el suelo, mientras el griterío de la gente se levantaba como una espiral llenándolo todo de protestas, escuchó el crujido de su brazo izquierdo y sintió el intenso dolor de las articulaciones a causa del impacto. Tuvo que dar un par de vueltas sobre sí misma, atenazada por el dolor, hasta detenerse boca arriba, y entonces en lo único que pensó fue en si el alarmante crujido había sido señal de distensión o de algo peor: de rotura.

Mientras sus compañeras rodeaban a la agresora y se formaba una melé, con el aire salpicado de voces y reproches, Mireia se iba asustando más y más, palpándose el brazo, abriendo y cerrando la mano sin dejar de repetir:

–¡No, no, por favor...! ¡Ahora no!

Antes de que se acercasen a ella, pudo ver a su suplente, calentando en la banda para sustituirla.

Una suplente que luchaba por quitarle el puesto.

2

Mireia subió en el ascensor cargando la bolsa con el brazo derecho. Estaba fastidiada. Fastidiada por todo. Y ahora llegaba lo peor.

Entrar en casa.

Dar explicaciones.

Se miró el brazo izquierdo, vendado hasta casi el hombro. Una venda fuerte, de compresión. Le dolía menos, por el calmante, pero sabía que, en cuanto cesaran los efectos, el dolor volvería. Ni se imaginaba lo que le habría dolido a su amiga Ester su lesión de cruzados nada más empezar la competición. Un año perdido. La había visto llorar como nunca había visto llorar a nadie en el campo, tocándose la rodilla que acababa de partirse ella sola, en un mal giro.

Se detuvo en la puerta y tomó aire.

Luego, entró en el piso.

La primera con la que se encontró fue su madre.

Pasó de la sonrisa y la habitual pregunta de si habían ganado a una expresión de preocupación.

–¿Pero qué...? ¡Ay, Señor! –y, a continuación, una retahíla de gritos y aspavientos–: ¿Qué te has hecho? ¿Te duele? ¿Cómo ha sido? ¡Ventura!

Su padre apareció de inmediato.

–Mamá, ¿quieres dejar de gritar? –fue lo primero que dijo Mireia.

Sus padres la rodearon, asustados.

Solo faltaba Laia, la hermana pequeña, que se asomó por la puerta de su habitación y, sonriendo, exclamó:

–¡Vaya, heridas de guerra!

En ese momento, Mireia la habría asesinado.

–Ha sido un accidente, una entrada dura –empezó a justificarse–. No tengo nada, ¿veis? –movió los dedos de la mano–. Mañana me harán una radiografía y verán si hay algo más, que no será así, tranquilos. Es solo por descartar.

–¿Pero cómo ha sido? –insistió su madre.

–¿No te lo acabo de decir? Una entrada dura.

–¡La habrán expulsado!

No, no la habían expulsado.

La agresión se había saldado con una tarjeta amarilla. Al acabar el partido, al menos, la chica había ido a pedirle perdón, de manera deportiva.

Ya en el comedor los cuatro, Mireia no dejaba de ser el centro de atención. Era como si llegase de un largo viaje como corresponsal de guerra o algo parecido.

–Venga, siéntate –le pidió su madre.

–Que estoy bieeeen... –dijo alargando la e final.

–¿Te duele? –preguntó su padre.

–No mucho –fue sincera–. Pero bueno... –paseó una mirada por los tres–. Por si os interesa, hemos ganado cuatro a uno, y yo he marcado un golazo.

Su madre y su hermana no se sintieron impresionadas. Su padre sí.

–¿Un golazo, en serio? ¿Cómo?

–Desde fuera del área. La he metido por toda la escuadra.

La expresión del hombre fue de orgullo.

–Felicidades –dijo.

–¡Eso, tú sigue animándola, como siempre! –le reprendió la madre de Mireia–. ¡Cualquier día nos la matan!

Esta vez, hasta Laia la miró con cara de sorna.

–Damiana, mira que eres... –movió la cabeza de lado a lado Ventura.

—¡Que no es un juego para mujeres, qué quieres que te diga! —se empecinó Damiana—. ¡Estará muy de moda y todo lo que tú quieras, pero es violento! ¡Mira a tu hija! —señaló el brazo vendado—. ¡Cualquier día, le rompen la pierna y la dejan desgraciada para toda la vida!

Era inútil hablar con ella, Mireia lo sabía. Pero sentía rabia. Encima, lo del brazo le daba argumentos, munición para su campaña de desgaste.

Mireia apretó los puños.

—Mamá, me gusta, y sabes que quiero ser profesional —espetó con sequedad—. ¿Cuándo vas a entenderlo? ¡Me-gus-ta! ¡Es mi vida!

—¡Hay otras cosas en la vida!

Se mordió la lengua. No era el mejor momento para volver a la discusión de siempre, la que mantenían de manera regular desde que cumplió nueve años y jugó su primer partido, por ver qué pasaba.

Metió tres goles.

Sintió el veneno.

Y, cuando le dijeron que era buena, que apuntaba, que...

Ventura le hizo un gesto casi imperceptible con los ojos. «Déjalo estar». Su padre sí estaba orgulloso. Y, si no iba a verla cada semana, era para no molestar más a su mujer.

—Bueno, ¿ya estáis? —se cruzó de brazos Laia—. ¿Habéis visto la hora que es?

—¿La hora...? —a Damiana le cambió la cara de nuevo—. ¡Ay, Señor!

Tocaba videollamada con Marc, el hermano mayor, que estudiaba en Estados Unidos con una beca. Vivía en Jackson, Tennessee, y por la diferencia horaria lo llamaban cuando él se levantaba, especialmente los domingos, cuando estaban los cuatro en casa.

—¡Que no te vea el brazo! —fue lo último que gritó Damiana—. ¡A ver si se va a asustar, el pobre!

3

«El pobre» tenía veinte años y estaba muy pero que muy feliz por vivir su propia experiencia vital lejos de casa.

La charla había ido como siempre, con su madre llevando la voz cantante y haciendo las preguntas de rigor acerca de si comía bien, si estudiaba, si hacía mucho calor... Luego, las recomendaciones acerca de las chicas, como si Marc fuese el mejor partido y las yanquis hicieran cola por ligárselo. La mayor preocupación de su madre era que se enamorase de una americana y se casase son ella. Entonces se quedaría a vivir allí ¡y tendría hijos americanos! La peor pesadilla de Damiana. De naturaleza sufridora, lo suyo era el pesimismo. Seguía sin tener claro dónde estaba Tennessee: lo mismo le hablaba de los incendios de California, por si llegaban hasta donde él vivía, o temblaba por el último huracán que acababa de azotar el golfo de México.

Agotador.

Recién terminada la comida, Mireia buscó el refugio de su habitación. Ya le empezaba a doler el brazo en serio y no quería que su madre se lo notase.

La radiografía del día siguiente dictaría sentencia, pero estaba claro que no iba a poder jugar en una o dos semanas. Y si eran tres o más... se moría. El campeonato estaba a punto de terminar y Elisabet, su suplente, era buena y progresaba partido a partido. También había metido un gol, el cuarto, en un buen remate desde el pico del área pasando el balón por encima de la portera. Un gol de crac.

Se sentó en la cama y paseó la mirada por los pósteres de su habitación. Todo eran futbolistas: Aitana, Alexia, Salma, Patri, Graham... Ellas y el Barça. Habían revolucionado el fútbol femenino. Había un antes y un después: un antes en el que apenas contaban y casi resultaba excéntrico y un después luminoso, con miles de licencias y sueños de niñas que suspiraban por emular a sus heroínas.

El Barça, campeón de Europa. España, campeona del mundo. Increíble.

Y luego estaban los pósteres de ella.

Su diosa.

La única, por encima de todas.

Taylor Swift.

Una pared entera estaba dedicada a su estrella pop, con varios pósteres grandes y un enjambre de fotos más pequeñas formando *collages*. En la estantería, media docena de libros de su vida y su obra. Se sabía sus canciones de memoria, había visto todos sus vídeos y sus documentales una docena de veces. Y había estado en primera fila en su actuación de Madrid el 29 de mayo, con la magia del *Eras Tour*. ¡Lo que le había costado convencer a su madre para que la dejase ir!

−¡Vas a estar sola!

−¡Vamos un montón de amigas!

−¡En esos conciertos pasan cosas, es peligroso, hay drogas...!

−¡Mamá, que es Taylor Swift, no una banda heavy!

−¡Eres menor de edad!

−¿Me vas a salir ahora con esas?

Finalmente, lo había logrado.

Jamás había sido tan feliz como durante aquellas tres horas y media.

Miró a la estrella, que le sonreía con sus ojos de gata desde uno de los pósteres, precisamente del *Eras Tour*.

Cogió el móvil y le mandó un wasap a Anna:

Q hcs?

La respuesta fue rápida:

Nd. T? Tal el ptdo?

Mireia escribió, esta vez con todas las letras:

4-1. Golazo. Lesionada.

No le llegó ningún wasap de respuesta, sino una llamada telefónica.

–Hola.

–¿Lesionada?

–El brazo. Lo llevo vendado. Mañana verán si es grave o se trata solo de una distensión.

Anna no le preguntó si estaba bien o mal. Dijo:

–Anda que tu madre...

–Calla, calla –se dejó caer hacia atrás en la cama y miró el superpóster de Taylor clavado en el techo–. Ha montado un número que no veas.

–Lo suyo es obsesión, ¿eh?

–¡Qué manía con lo de que no es para chicas! ¡Y no para, es monotemático! ¡A veces me pregunto en qué mundo vive! Mi padre está feliz, porque sabe que me gusta jugar y que, encima, soy buena. Pero ella... El otro día se le escapó la guinda: que era un juego de marimachos...

–Cuando te fiche el Barça, se muere.

–Va, calla.

–¡Tía, que sí, no fastidies! Hoy no he podido ir a verte por el examen de mañana, que si no...

–Si no, habrías saltado al campo para matar a la que me ha lesionado –bromeó Mireia.

–¡Pues mira! –rezongó Anna.

Hubo un momento de pausa, pasada la explosión inicial.

–A mí me da pena mi madre –suspiró Mireia bajando la voz–. Está muerta de miedo, por todo. ¡No se puede ser más sufridora! Ya sé que es su problema, pero... Su hijo superlisto se le va a Estados Unidos, Laia está medio loca y en plena etapa rebelde, como es natural a los catorce años, y yo... futbolista.

–Y me quejo de que mis padres me dan la vara. Tu madre sola vale por mis dos –Anna cambió el tono de voz–. ¿Lo tuyo con Adam...?

–No quiero hablar de eso ahora, y menos por teléfono. Está empezando a dolerme el brazo en serio.

–Lo siento.

–Ya.

–Pero tendrás que pensar en ello.

–Anna...

–Vale, vale. ¿Nos vemos luego o prefieres descansar? Igual te conviene reposo y no moverte mucho.

–Estoy asustada.

–¡No será nada, tía!

–Con dos o tres partidos sin jugar, Elisabet me quita el sitio.

–¡Pero si eres la mejor, y encima la capitana!

–Aquí los galones no cuentan. Elisabet es centrocampista como yo, organizadora como yo, y buena como yo.

–Podéis jugar juntas, ¡no me digas que no! Como Aitana y Alexia, o como Pedri y cualquier otro de la media, Gavi, Olmo, De Jong...

Mireia soltó una carcajada.

–¡Y pensar que hace dos años no tenías ni idea! –exclamó.

–Es puro interés –sonó fingidamente seria a través del auricular–. Cuando seas famosa, necesitarás a una secretaria bien pagada para que esté a tu lado, y esa seré yo. ¿O no?

–Ya sabes que sí –desgranó Mireia–. Pero me conformo con jugar, nada más. Ser profesional. Entonces no necesitaré secretaria, pero sí una amiga.

Taylor seguía mirándola desde el póster del techo. Sus labios rojos parecían hablarle.

Pensó en el gol que había metido hasta que una punzada de dolor la devolvió a la realidad.

Anna seguía hablando pero, por un momento, dejó de escucharla.

4

Long live the walls we crashed through.

(Larga vida a las barreras que destruimos).

Long Live, Taylor Swift

Querida Taylor:

Vuelvo a escribirte. Ya sé que nunca leerás estas cartas, pero no me importa. Yo siento la necesidad de hacerlo, y esto es todo lo que cuenta. Hay quien escribe un diario, pero mi diario eres tú, tus canciones, la fuerza que me das y que me dan. Para cada una de mis situaciones hay una letra, una frase, una línea que me motiva. No sé de dónde sacas esa energía creativa.

¿Cómo estás? Hace días que no leo noticias de ti. Lo último fue lo de la final de la Super Bowl. Te imagino siempre componiendo, trabajando, tocando la guitarra, el piano, anotando ideas y dando forma a esas letras torrenciales que son tus canciones. ¿Cómo pasas los domingos? ¿Son festivos para ti, o eso no cuenta? Siendo artista, todos los días deberán de parecer iguales, ¿no? ¿Qué diferencia hay entre un lunes o un viernes? Yo mañana tengo clases, ¡ay!

Mientras escribo, estoy escuchando esa maravilla que es Folklore. Nunca me cansaría de oír ese álbum. Pensar que lo hiciste en la pandemia me resulta sobrecogedor. Y el documental en el que cuentas el proceso, canción a canción, en esa cabaña... ¡Es tan íntimo! Después, antes de acostarme, escucharé íntegro Midnights. Ideal, ¿no?

Cuando ganaste el Grammy al mejor álbum del año por cuarta vez con él, y me enteré de que nadie lo había conseguido antes, aluciné. Tuve que buscar en internet para saber quiénes eran los artistas que antes lo habían logrado tres veces: Frank Sinatra, Paul Simon y Stevie Wonder. No los conocía, claro. Mi abuelo me dijo que Sinatra había sido el mejor cantante de la historia, y el primero que tuvo fans. Eso fue en los años cuarenta y cincuenta del siglo pasado. Stevie Wonder era ciego y triunfó siendo un niño a los once años. Por último, Paul Simon era la parte creativa del dúo Simon & Garfunkel. Mi abuelo aún conserva el vinilo de su obra más famosa, Bridge Over Troubled Water. *Me lo hizo escuchar y es... precioso. Pero tú sigues siendo mi reina, la diosa, la única. ¡Cuatro Grammy! ¡Y con treinta y cinco años! Seguro que conseguirás más y batirás todos los récords.*

Cuando grabaste tu primer disco tenías dieciséis años, uno menos que yo ahora. Resulta abrumador. Yo, hace un año, aún me sentía una chica despistada. Tú, en cambio, compusiste Tim McGraw *en apenas quince minutos junto a tu amiga Liz Rose. ¿Cómo se hace eso? ¿Cómo se plasman en quince minutos tantas emociones? ¿Y cómo se consigue con dieciséis años? No eras más que una chica que hacía música country. Yo tampoco sabía qué era el country hasta que supe de ti. Es más, ahora sé muchas cosas del mundo de la música, porque, si no sabes la historia, no puedes valorar y entender lo que está sucediendo ahora mismo. Y, si algo soy, es curiosa.*

Después grabaste Pictures to Burn *y pusiste a caldo a ese novio que te traicionó en el instituto, Jordan. ¡Convertiste tu enfado en algo más que una canción! Tu ira es la de muchas chicas a las que nos ha pasado lo mismo, con la diferencia de que nosotras hemos de comérnoslo. Tú, en cambio, lo gritaste a los cuatro vientos.*

Bueno, qué voy a contarte a ti, solo hablo por hablar.

He jugado un partido importante, porque está en juego la posibilidad de ganar nuestro campeonato y ascender de categoría. Hemos ganado cuatro a uno, he marcado un gol de esos de bandera (imagino que no sabrás qué es eso) y me han lesionado. Espero que no sea importante. El fisio me ha dicho que era una luxación, pero no veas lo que me duele ahora mismo. Suerte que, aunque soy zurda de piernas, me empleo con la derecha para lo demás; si no, no podría escribirte. Mañana sabré algo más. ¿Qué haces tú cuando estás enferma? Supongo que componer una canción. ¡Le sacas jugo a todo!

Y..., por cierto, tú que tanto jugo les has sacado a tus amores y relaciones sentimentales, convirtiéndolas en canciones, te cuento que voy a pasar de Adam. Ya te he hablado de él. ¿Sabes qué sucede? Pues que no siento nada. Creo que le hice caso porque se acercó a mí en un momento de desconcierto, cuando necesitaba algo más que una mano amiga. Pensé que me iría bien. Y me engañé. Eso es lo peor: engañarnos a nosotros mismos. Creemos en algo que no es real y nos aferramos a ello. ¿El amor? No tengo ni idea de lo que es el amor, pero, desde luego, no lo que siento por Adam. Y es duro decirle a alguien que no, aunque sé que lo superará. Esas cosas dicen que se superan, ¿no? Hay tantos mitos con los primeros amores y todo ese rollo...

No tengo ni idea de cuándo llega eso de la madurez, pero la necesito. Aunque, por otra parte, eso de ser madura... ¡Jo, que solo tengo diecisiete años!

Vale, por hoy ya está bien. Te dejo en paz.

Es un decir, claro. ¡Ja, ja, ja!

5

El médico clavó la radiografía en la pantalla transparente y se acercó a ella como si fuese miope y necesitase de la proximidad para ver bien los posibles daños. Mireia contuvo la respiración. En su inspección previa, al tocarle diversos puntos del brazo, ya había parecido esperanzado.

–¿Te duele aquí?

–No.

–¿Aquí?

–No.

–¿Y aquí?

–Un poco.

–¿Un poco poco o un poco mucho?

–Un poco regular.

Pausa.

–No da la impresión de que haya nada roto, pero hay que ver los tendones y la articulación del codo.

Era lo que estaba examinando ahora.

Fue rápido.

–Bien –suspiró el hombre.

–¿Bien qué?

–Una simple luxación –se lo aclaró para su alivio.

–Entonces...

La mirada del galeno fue conspicua, como si llevase gafas y la mirase por encima de ellas. Debía de tratar con no pocas jovencitas ansiosas de ponerse bien en un santiamén, sobre todo si de lo que se trataba era de una lesión deportiva.

–Dos semanas con ese vendaje compresor y, luego, una más para evaluar la recuperación.

Tres semanas.

Eso representaba perderse tres partidos de fin de temporada y cederle el puesto a Elisabet.

–¿En serio? –se sintió desfallecida.

–Me temo que sí, querida.

–Pero...

–No es el fin del mundo, aunque lo parezca. Confórmate con no haberte roto el brazo o, peor, el codo, porque la presión a la que se sometió en esa caída fue extrema. Dadas las características de lo que veo en la radiografía, tuviste mucha suerte, o reflejos para evitar lo peor.

Suerte.

Una extraña palabra.

–¿Cuándo quiere que me pase? –preguntó.

–Dos semanas –insistió el médico–. Veremos cómo va, y lo más probable es que te ponga un vendaje menos compresor. Trata de no usar este brazo mientras tanto. Nada de coger peso o ponerte a bailar como una loca en la discoteca.

–Yo no...

Se calló, porque el hombre volvía a mirarla de aquella manera.

Lo de la discoteca era lo de menos. Simplemente había tratado de ser simpático.

–Gracias –se rindió Mireia.

Hubo una sonrisa.

–Las heridas de guerra cuentan –le dijo, afable–. Las cicatrices, físicas o del alma, son las que nos recuerdan quiénes somos, qué hemos hecho, y, sobre todo, que estamos vivos. Nunca serás fuerte si no aceptas las adversidades y luchas por superarlas.

–Es que nos estamos jugando subir de categoría, que sería lo más –se excusó.

La sonrisa se acentuó.

—Anda, campeona —la despidió—. Con tanta determinación, seguro que en el campo eres una fiera.

Salió de la consulta mitad aliviada, mitad triste, a pesar de todo. No había dado ni tres pasos cuando sacó el móvil y escribió el primer wasap, a Anna.

2-3 semanas.

Luego, muy a su pesar, marcó el número de teléfono de su madre, porque sabía que no iba a estar tranquila hasta que la llamara para darle el parte.

Al otro lado de la línea, Damiana respondió antes de acabar el primer toque:

—¿Sí, qué, qué? —preguntó ansiosa.

6

Los entrenos eran por la tarde, porque la mayoría de las jugadoras estudiaban. Sin embargo, no dejaban de faltar siempre algunas, dos, tres, del puñado que formaban la plantilla. Como habían tenido partido el día anterior, el entreno era suave para las que habían participado en él y más intenso para las demás. Tampoco es que fuera todo muy profesional. Eran *amateurs*, y conscientes de ello.

Mireia, sentada en una silla junto al rectángulo de juego, observaba la evolución de sus compañeras, en especial la de Elisabet. La verdad es que era muy buena, una aparición repentina y fulgurante cuando ya la temporada estaba empezada y ellas pagaban el mal comienzo, con tres derrotas que las habían apartado de la pelea por el título de buenas a primeras. Luego, el equipo se había conjuntado bien, forjando una solidez ejemplar. Con lo mucho que Mireia corría en cada partido, y aunque iba sobrada de fuerzas, ya era habitual que en las segundas partes Elisabet la sustituyera.

Ahora la titular sería ella.

Y, si lo hacía bien, cuando estuviese recuperada de la lesión, podría costarle recuperar el puesto.

—¿Qué tal?

Se sobresaltó.

Estaba tan concentrada en el entrenamiento y en sus pensamientos que ni siquiera se había dado cuenta de que la entrenadora estaba a su lado, de pie pero con una silla en la mano.

Una silla en la que se sentó.

Mireia se encogió de hombros. Le había dado el parte médico nada más llegar. Trató de no parecer seria y preocupada, pero no era fácil.

–Tuviste suerte –dijo la mujer.

Tenía treinta y ocho o treinta y nueve años, había sido jugadora. Una lesión grave la había apartado del fútbol a los treinta. Ya no pensó en recuperarse y volver. Se pasó al otro lado, para disfrutar del fútbol ayudando a las nuevas. Era buena, cordial, pero también firme. Sabía que manejar a un grupo de posadolescentes no era fácil. Bueno, lo de posadolescentes... Había cuatro chicas de quince años y cinco de catorce. El resto lo formaban las de dieciséis y diecisiete, y dos de dieciocho. Más jóvenes y *amateurs*, imposible.

Todas soñaban con jugar un día en algún equipo de la Tercera o la Segunda Federación, como el Barça B, y, por supuesto, en Primera División.

–Sé que pude haberme hecho mucho más daño –asintió Mireia–. Pero eso no quita que sea un coñazo estar así a estas alturas de la temporada. Me siento... impotente.

–Elisabet lo hará bien, tranquila.

–No era eso de lo que hablaba –fue sincera.

Se arrepintió de haberlo dicho.

Sonia Llompart no era de las que se casaban con nadie, por más que Mireia fuese la primera capitana del equipo. Las chicas la tuteaban y, sin embargo, tenían muy claro que no era una colega más. Formaban un grupo, pero ella era la entrenadora.

Guiaba el barco.

Aunque en todo equipo hubiera individualidades claras.

–No quieras comerte el mundo antes de hora –le advirtió la mujer.

–Tengo diecisiete años, me gusta el fútbol, creo que es mi vida y me gustaría ser profesional, eso es todo –habló lo más despacio y seriamente que pudo–. Creía que este era mi año decisivo, que si destacaba podrían probarme.

–Lo harán.

–¿El Barça B?

–¿Por qué no? Yo he pasado ya los informes.

Eso no lo sabía.

–¿Qué?

–Mireia, tanto da llegar a los diecisiete como a los dieciocho, incluso a los diecinueve. Lo importante es llegar. El nivel del Barça B es alto, aunque no estén a la altura del primer equipo y pierdan muchos partidos. Van a probarte, no lo dudes. Y sé que verán tus cualidades. Pero olvídate de la ansiedad. ¿Sabes lo que has de hacer ahora?

–¿Qué?

–Estudiar –fue tajante–. Tienes la selectividad. Bueno, la PAU, como se dice ahora, a la vuelta de la esquina. Fórmate, no dejes de estudiar, porque el fútbol no lo es todo, te lo aseguro. Mírate ahora –señaló el brazo vendado–. Esta lesión debería hacerte reflexionar. Tómatelo como una prueba que has de superar.

Elisabet acababa de marcar un golazo. Una volea de primera.

Los gritos de las jugadoras se elevaron por el aire.

–Cuando te recuperes, os voy a poner juntas en la media –dijo Sonia Llompart.

Mireia se sintió aliviada.

–Aitana y Alexia –suspiró.

–Difícil saber quién es cuál –sonrió la entrenadora–. Si algún día jugáis un Mundial con España o ganáis la Champions con el Barça, seréis Mireia y Elisabet, nada más.

¿Nada más?

Se sintió mejor. De pronto, los negros nubarrones se apartaban y lucía el sol.

Y quizá en aquellas dos semanas pudiera arreglar un poco su vida.

Comenzando por Adam.

7

Solo por inercia, al terminar el entrenamiento fue a los vestuarios para estar con las compañeras. Necesitaba sentirse arropada por ellas, aunque las palabras de la entrenadora ya la habían animado mucho. La mayoría de las jugadoras entraban o salían de las precarias duchas de las instalaciones. Pertenecían a un club pequeño, pero digno, como todos los de la Tercera Federación Femenina. A veces jugaban en auténticos patatales y ni siquiera podían lavarse al acabar un partido. Se cambiaban y regresaban a casa.

En su vestuario solo había tres duchas, así que se entraba y salía rápido. Un cartel, además, anunciaba: «No malgastar agua, hay sequía». Algunas de las jugadoras se movían desnudas; otras, envueltas en sus toallas. El ambiente rezumaba amistad y camaradería. Hubo algunos comentarios.

–¿Cómo estás?

–¿Qué te ha dicho el médico?

–¿Te duele?

–¿Cuándo vuelves?

Respondió a todas las preguntas de manera rápida. Carlota la abrazó, Elisabet le dio un golpecito en el hombro, Mtabe le habló de cuando se había roto la muñeca, Sara le dijo que iba a echarla de menos en el campo, aunque solo fuera por dos o tres partidos...

Sandra fue la que más se detuvo al verla. Salía de la ducha, desnuda. Ni siquiera se había enrollado la toalla en torno al cuerpo. Llevaba el largo cabello negro mojado desparramado por encima de los hombros. Era una belleza, y lo sabía, así que también se daba el gusto de lucirla con la mayor de las naturalidades. Físicamente, se parecía a Ingrid Engen, la jugadora del primer equipo del Barça. Ojos profundos, labios sensuales, el óvalo de la cara perfecto. Era difícil dejar de mirarla. Tenía estilo.

Y era lesbiana.

–Menudo susto –fue lo primero que le dijo señalando el brazo vendado–. ¿Estás bien?

–Sí. Pudo ser peor.

–Y encima ahora, jugándonos la temporada.

–Volveré, tranquila.

–Más te vale –le sonrió Sandra.

Mireia la miraba a la cara, a los ojos, pero era consciente del poderío de su cuerpo, el pecho medido, la cintura breve, las piernas torneadas pero al mismo tiempo firmes y duras por el ejercicio físico.

No se parecían mucho en la forma de ser, pero se llevaban muy bien.

–¿Me esperas y tomamos algo? –le preguntó Sandra mientras se dirigía al lugar donde tenía la ropa.

–Vale.

Caminó hasta la entrada del vestuario y salió al exterior. Se apoyó en la puerta. No había nadie cerca, pero sí en la linde del campo de juego. Un par de chicas, amigas, y un par de chicos, quizá novios de algunas de ellas. Se fijó en uno sin pretenderlo, probablemente por ser el más alto, probablemente por ser el más guapo.

Destacaba.

Lo observó desde la distancia. Vestía camiseta no demasiado ajustada, vaqueros gastados, zapatillas deportivas de marca. Llevaba la cazadora colgada del hombro con una mano y el pelo revuelto, como si un huracán lo hubiera asolado de pronto. Tenía la mirada perdida en la lejanía.

Era hermoso.

–Jooodeeerrr... –suspiró Mireia.

Siguió mirándole. Estaba lo bastante lejos como para no sentirse indiscreta o incómoda. Además, él parecía una estatua, ajeno a todo. Si estaba allí, esperando, era porque salía con alguna del equipo. Trató de imaginarse con quién. Por supuesto, con una de las guapas...

¿O no?

No tenía por qué ser así. Eso era un cliché. Si los guapos solo pudieran salir con las guapas y las guapas con los guapos, el resto de la humanidad lo tenía mal.

Nunca antes lo había visto en ningún entrenamiento ni en ningún partido, así que igual se trataba de un rollo reciente.

Los siguientes minutos pasaron muy rápido.

Hasta que empezaron a salir las chicas.

Sandra, de las primeras.

—Mira, ahí está mi hermano Pol —dijo señalando al chico en el que acababa de fijarse Mireia.

8

Trataba de estudiar.

No siempre era fácil. Le dolía el brazo y pensaba más en el fútbol que en ninguna otra cosa. Pero tenía que esforzarse porque, en unos días, se jugaba buena parte de su futuro al margen de sus sueños futboleros. Primero, los exámenes finales; después, la dichosa PAU, aunque la mayoría seguía llamándola selectividad. Su nota determinaría la carrera en la que podría continuar fingiendo que le importaba algo estudiar.

No, eso no era justo consigo misma ni con sus padres. Ellos se habían esforzado para darles esos estudios, a ella y a Laia. No todo el mundo salía listo como Marc. Aunque llegase a ser jugadora profesional, si no tenía algo más, al acabar todo pasados los treinta, no tendría nada.

Salvo que ganase mucho dinero por ser buena, claro.

Y eso...

Lo era, sí, pero ¿cuántas más habría igual?

Miró sus apuntes, la pantalla del ordenador. Todo se le desdibujó. Luego, levantó la cabeza un poco más y se encontró con la mirada de Taylor, fija, directa, dirigida a ella y solo ella.

–Tú ya naciste con estrella. A los dieciséis años eras la mejor –le dijo.

A veces creía que Taylor le contestaba: «Puedes nacer con estrella, pero si no haces algo para que brille...».

¿Por qué algunas personas nacían tan espectacularmente brillantes, y encima tan guapas y... únicas, especiales? ¿Había sido el destino, o la suerte, que un día se encontrasen John Lennon y Paul McCartney para crear las canciones que cambiaron el mundo y la historia de la música? ¿Qué clase de fuerzas de la naturaleza habían convergido en una chica como Taylor?

Miró las fotos de sus futbolistas favoritas. Balones de Oro, campeonas de Europa y del mundo...

Se echó para atrás en la silla, cerró los ojos y entonces vio a Pol.

Pol.

Sandra se lo había presentado como si tal cosa:

–Mireia, este es Pol. No sé ni cómo se ha dignado a pasarse por aquí, porque es de todo menos futbolero.

–Hola, Mireia.

–Hola, Pol.

Y se habían dado dos besos en las mejillas.

El segundo efecto: olía muy bien.

No recordaba mucho más, salvo un par de miradas cruzadas, entre la sorpresa y el descubrimiento. Todo menos indiferencia. Habían caminado unos pasos, hasta el exterior de las instalaciones, y Sandra ya no había cumplido lo de tomar algo juntas. La presencia de Pol lo acababa de cambiar todo.

Se despidieron:

–Otro día, ¿vale?

Y se alejaron.

Pero había pasado algo.

Primero, Mireia, viendo cómo caminaban, quieta.

Segundo, Pol, volviendo la cabeza al cabo de unos pasos para echarle un último vistazo.

A Mireia se le había detenido el corazón.

No sabía que Sandra tenía un hermano. Tampoco sabía mucho de la mayoría de las compañeras. Eran amigas allí, en el campo, los entrenos, el vestuario, los partidos, pero fuera de todo eso... Sí, algunas salían juntas, o compartían historias, una amistad más fuerte, especialmente las jovencitas. Nada más.

¿Qué edad tendría: dieciocho, diecinueve, veinte? Parecía mayor. ¿O era su aparente seriedad?

Había vuelto la cabeza para mirarla...

Pensó en llamar a Sandra por teléfono, pero se arrepintió al momento. Si la llamaba, parecería ansiosa, y a lo mejor ella se lo contaba a su hermano. Y no quería, de momento, que él supiera que le gustaba.

Sin embargo, había sucedido algo. Algo electrizante. Estaba segura.

Fue en ese instante cuando sonó el móvil.

Pegó un respingo.

Luego, en la pantallita, vio el nombre de Adam.

–No... –gimió–. Ahora no...

El móvil siguió sonando.

¿Y por qué no?

Llevaba demasiado eludiendo la responsabilidad, escapando. Era algo más que miedo: era cobardía. Tenía que ser honesta. Adam se había portado bien; no era culpa suya que, de pronto, ya no sintiera nada.

¿Cuántas canciones había hecho Taylor hablando de eso?

Respondió a la llamada y trató de que su voz sonase lo más neutra posible:

–Hola.

El tono de Adam, en cambio, era de dolor:

–Hola...

No le contestó. Se dio cuenta de que no podía. Iba a hacerle daño.

Por necesario que fuese...

–Me han dicho que te lesionaste.

No le preguntó quién se lo había dicho. Era lo de menos.

–No es nada.

–¿Por qué no...? –Adam dejó la frase sin terminar. Luego agregó–: Mireia, ¿qué está pasando?

–No lo sé –mintió mientras volvía a cerrar los ojos y sentía el amargo peso del momento.

–No nos hemos visto en días, no contestas a los wasaps... Sí sabes lo que está pasando. Dímelo.

—Es que no sé qué decirte, Adam.

—¿Necesitas tiempo?

—Puede, no sé. Estoy hecha un lío.

—Creía que... Bueno, eso.

Creía que eran novios.

A veces, las palabras eran extrañas.

—Mira, estoy hasta arriba con los exámenes, con la posibilidad de que el equipo ascienda, con... con muchas cosas. Lo que menos necesito ahora son líos sentimentales.

Acababa de decirlo, y se dio cuenta de lo fatal que sonaba.

—¿Líos? —no lo dejó pasar él—. Estoy enamorado de ti.

Se lo soltó como un disparo, a bocajarro:

—Pero yo no, Adam.

Y, de pronto, se sintió liberada.

Acababa de decirlo.

No, no estaba enamorada de él.

—¿Qué he hecho? —el tono era lúgubre.

—Nada.

—Algo será.

—No, Adam, no se trata de ti. Se trata de mí —empezó a reunir fuerzas—. Primero estuvo bien, tonteábamos, era todo muy agradable, muy dulce. Me gustaba. ¡Claro que me gustaba! Pero luego, estas últimas semanas, la cosa ya iba a más, y entonces... Ni siquiera sé cómo decirlo. Me he asustado, ¿vale? No sé si es la palabra exacta, pero se le parece. Me he asustado y he comprendido que no estoy enamorada. Lo estaba más de la sensación que de ti. Era la primera vez que sentía ese tipo de cosas. Ahora sé que he de ponerle freno, antes de ir a más. Estamos a tiempo.

—¿A tiempo de qué?

—Vamos, no me hagas esto —se mordió el labio inferior.

—¿Y lo que me haces tú a mí?

—Sabes que no es el fin del mundo —dijo, por decir algo.

—No es justo.

—¡Ya lo sé!

–¿Y si esperamos un poco, hasta después de los exámenes, el final de la liga...?

–No, Adam, no. Lo lamento. Yo lo tengo claro. No quiero hacerte daño, pero más me lo haría a mí misma si siguiera con algo que no siento.

Miró el póster de Taylor que tenía delante. Por su mente revolotearon algunas frases de sus canciones: «Nada dura para siempre», de *Wildest Dreams*; «Soy una pesadilla vestida como un sueño», de *Blank Space*; «Los chicos solo quieren amor si es una tortura», de la misma canción.

–Mireia...

–He de estudiar, Adam. No lo compliquemos más.

–Por favor...

–Adiós, va.

Y cortó la comunicación.

¿Era la mala? Probablemente sí. Pero no se sentía mala, se sentía honesta.

Taylor Swift seguía mirándola.

–Creo que he visto esta película antes, y no me gustó el final –tarareó la frase de *Exile*.

9

Cuando veía un partido de fútbol por televisión, quitaba el sonido. La voz de las locutoras... Solían chillar demasiado. La pelota estaba en mitad del campo y ya gritaban como si estuviese a punto de llegar un gol. Así que lo miraba y ponía canciones de Taylor. Si estaba sola, lo hacía escuchándola por los altavoces. Si había alguien más en casa, se ponía los cascos. Este era el caso mientras las jugadoras del Barça se enfrentaban en el campo buscando una plaza en la final de la Champions.

Tres a cero. Iban a conseguirlo.

Como si lo supiera, Laia entró en la habitación justo cuando las jugadoras se iban a los vestuarios para tomarse el descanso de la primera parte. Primero asomó la cabeza por el hueco de la puerta. Mireia no la había oído llamar. Se quitó los auriculares.

—¿Puedo entrar?

—¿Quieres ver el partido conmigo? —se extrañó.

—No —fue un no rotundo, muy propio de Laia, que solía expresarse con sequedad la mayoría de las veces, aunque casi siempre se podía hablar con ella—. Quería hacerte una pregunta.

—Vale, ven —le hizo sitio en la butaquita.

Laia llevaba unos pantaloncitos muy livianos y una camiseta tres tallas mayor. Era alta y espigada, de piernas y brazos largos. Su madre tenía miedo de que rozara la anorexia. Pero la veían comer, y no vomitaba como hacían las bulímicas. Sencillamente, era su constitución. Aun estando seria, era atractiva. Cuando reía, lo iluminaba todo.

Se sentó a su lado y la miró fijamente a los ojos:

–¿Puedo preguntarte algo?

–Claro.

–¿Y me dirás la verdad?

–Pues... sí. ¿Cuándo no lo he hecho?

Laia pasó por alto la duda.

–Solo quiero saberlo yo, ¿vale? Te juro que no se lo diré a mamá.

–¡¿Pero qué es?! –se impacientó Mireia.

–¿Eres lesbiana?

La pregunta la descolocó. Por completo. Era lo que menos podía imaginar que quisiera saber su hermana pequeña. Alzó las cejas y se la quedó mirando absolutamente pasmada. La cara de Laia era una máscara impasible, como si le hubiese preguntado si estaba lloviendo. Sus catorce años formaban siempre una coraza difícil de atravesar.

Lo preguntaba muy en serio.

–¿Crees que soy lesbiana? –vaciló Mireia.

–No lo sé, por eso te lo pregunto –ahora sí movió las manos un poco nerviosa–. Y ya te puedo asegurar que me va a dar igual, ¿eh? No tengo problemas con eso. Solo quiero saberlo.

No quiso prolongar su duda:

–No, no lo soy –manifestó tranquila–. He estado saliendo con un chico con el que acabo de romper.

–Vale –Laia pareció dispuesta a irse, como si tal cosa.

–Espera, espera –la retuvo Mireia–. ¿Por qué lo has preguntado? ¿He hecho o dicho algo que te lo haya hecho pensar?

–No, es solo por una charla que he tenido hoy en el insti.

–¿Habéis hablado de mí? –levantó las cejas.

–No, de las futbolistas. Un chico ha dicho que todas sois lesbianas y que por eso jugáis al fútbol, porque así os sentís mejor y más protegidas.

–Eso es una idiotez, Laia –se puso seria.

–¡Lo sé, y se lo he discutido! –arrancó su vehemencia dejando atrás la primera calma–. ¡Pero si vieras cómo se han puesto él y los otros!

–¿Les has dicho que son unos machistas de categoría?

–¿A ellos? Ni se enteran. Cada vez están más idiotas.

–Tienen miedo, porque el feminismo los ha descolocado.

–¡Tendrán miedo, pero bien que hablan y dicen cosas y montan unos pollos...! –Laia agitó la mano derecha–. Es que por la tele a veces dicen eso de «la compañera de Fulana de Tal» o «la pareja de...».

–Mira, claro que hay lesbianas –aseguró, paciente, Mireia–. Una de mis amigas del equipo lo es. Y puede que haya otras, no lo sé. ¿Tú crees que en los equipos masculinos no hay gais? Los habrá, pero justamente por el machismo se lo callan. En todos los campos hay energúmenos que insultan a los negros, a los árabes, a los orientales, a todo el que no les parezca «normal», sobre todo si es del equipo contrario. Imagínate si supieran que tal o cual jugador es homosexual. Las mujeres tenemos la libertad de poder expresarlo, y esto es un gran logro social. Si el fútbol lo ha hecho más visible, bienvenido sea, pero te aseguro que no es un colectivo distinto a otro. Hay jugadoras de baloncesto, de balonmano, de waterpolo, de hockey, de todo. Las futbolistas se han visibilizado más gracias a sus éxitos, eso es todo.

–Eso lo entiendo, y lo valoro.

–Pues ya está –le cogió la mano para que no se le escapara–. ¿Te hubiera preocupado que yo lo fuera?

–No, en serio.

–¿Entonces, la pregunta...?

Laia bajó la cabeza.

–Era más... por mí.

–¿Lo eres tú?

–¡No! ¡Me gusta un chico a rabiar! –se sinceró, saltando como un resorte–. Pero siendo hermanas...

–Pensabas que, si lo era yo, podías serlo tú.

–Supongo, sí –suspiró.

–Somos distintas, afortunadamente.

–Sí, ¿verdad? –sonrió Laia con malicia.

Las jugadoras de los dos equipos volvían a salir al campo. Iba a comenzar la segunda parte del partido. Mireia le soltó la mano a su hermana.

Se encontró con el abrazo de Laia.

–Gracias.

–Te quiero –le susurró Mireia al oído.

–Y yo a ti.

Era la primera vez que se lo decían en voz alta.

10

And it was enchanting to meet you
All I can say is I was enchanted to meet you
This night is sparkling
Don't you let it go
I'm wonderstruck
Blushing all the way home
I'll spend forever wondering if you knew
I was enchanted to meet you.

(Y fue encantador conocerte.
Todo lo que puedo decir es que estaba
encantada de conocerte.
Esta noche es brillante, no la dejes ir.
Estoy maravillada y me voy a casa sonrojada.
Siempre me preguntaré si sabías que
yo estaba encantada de conocerte).

Enchanted, Taylor Swift

Querida Taylor:
¡Uf, menudos días he pasado!
El brazo ya no me molesta. Me he acostumbrado a la venda compresora y hasta a moverme con él teniendo cuidado de no darle un golpe o dañarlo. Lo peor sigue siendo dormir, porque prefiero hacerlo sobre el derecho por si acaso... y yo suelo dormir del otro lado.
Pero estoy animada.
El equipo ha ganado, el Barça ha ganado, estoy menos nerviosa por los exámenes, he acabado con Adam y en mi horizonte ha aparecido... Pol.

¿Puedes creerlo?

¿Rompo con Adam para no sentirme atada y, prácticamente en las mismas, conozco a un chico que es un sueño?

¿Crees en el amor a primera vista?

Sí, ya sé que sí. Tú te enamoraste de Adam Young (por cierto, ¡Adam!) nada más verlo en un acto en Nueva York. Por eso escribiste Enchanted. *El amor a primera vista es eléctrico, fulminante, como recibir un puñetazo no en el estómago, sino en el cerebro, pero que te roba el aire igual. Vi a Pol y me quedé en suspenso, flotando en una nube.*

Y hoy Sandra me ha dicho que su hermano le preguntó por mí.

«Es un buen tío», me ha asegurado sin que yo le preguntase nada, como si quisiera dejármelo claro.

¿Dejármelo claro PARA QUÉ?

Si le preguntó por mí..., es que le intereso, ¿no?

Quería hacerle mil preguntas yo a ella, saber si había tenido o tenía novia, qué estudiaba o en qué trabajaba, la edad..., pero no me he atrevido. No quería que se me notase ansiosa. Probablemente no pase nada. ¿Cómo llamáis a eso los cantantes? Barcos en la noche, sí. Barcos que se cruzan en el mar y se alejan para no verse más.

Sandra es un pibonazo, pero anda que su hermano...

Taylor, tú has tenido muchos novios. ¿Cómo lo haces? ¿Cómo se puede amar a alguien de una manera intensa, total y absoluta, y después tener que olvidarlo...? Bueno, no sé si «olvidar» es la palabra, y más en tu caso, que les has compuesto canciones a todos, pero sí dejarlos a un lado para pasar página y seguir. ¿Los amores rotos dejan huella, te marcan? ¿Te mantiene viva la esperanza de que el siguiente será mejor?

Porque siempre hay uno más, ¿no?

¡Necesito saberlo!

¿Sabes la frase que más me impactó cuando la escuché de tus labios? Es esta: «Dibujaste estrellas sobre mis cicatrices», de tu memorable canción Cardigan. *Resumir lo que es el final de un amor y el comienzo de otro en una sola frase es algo que solo tú eres capaz*

de hacer. ¡Dibujar estrellas sobre una cicatriz o, lo que es lo mismo, darle esperanza al amor!

Yo no era romántica, ¿sabes? Por lo menos, no lo era hasta los trece o catorce. Luego empecé a sentir cosas, a veces inexplicables, esas ganas de llorar, o de gritar, y en la mayoría de ocasiones tú estabas ahí para ayudarme, eras el motor de mi vuelta a la normalidad. Canción a canción. Sé que lo llaman «adolescencia».

Cuando cantas una canción que hiciste para uno de tus novios, a veces con sentimientos encontrados, o incluso odio, ¿los recuerdas? Tienes que hacerlo, porque estás recitando la letra y, por fuerza, ha de evocarte a él. Yo acabo de tener mi primera experiencia negativa, y no sé cómo digerirlo ni cómo reaccionar. No quiero que Adam me odie y, sin embargo, ¿qué le queda? Cuando mi tía Carmen se divorció de su marido, mi madre le dijo: «Has de odiarle, como defensa, porque si no, te consumirás de pena y dolor».

Pero tener que odiar a quien has amado...

11

El número que apareció en la pantalla del móvil era desconocido.

¿Respondía?

A veces no lo hacía, por si se trataba de un fraude o por si querían venderle algo, pero en otras ocasiones pensaba que igual se estaba perdiendo algo.

Esta vez contestó, pero dispuesta a cortar a las primeras de cambio. Y, por supuesto, no dijo «¿Sí?», como hacía antes, porque los estafadores grababan esa palabra y luego podían utilizarla con otros fines.

Su madre no paraba de darle la vara con eso.

–¿Diga?

–Hola –saludó una voz masculina–. Soy Pol, el hermano de Sandra. ¿Me recuerdas?

Mireia se quedó paralizada.

Como si el móvil tuviera ojos, se tapó con la camiseta que tenía al lado, porque la llamada la pillaba vistiéndose y llevaba el torso desnudo.

–Claro que me acuerdo –consiguió decir sin parecer idiota.

–Mi hermana me ha dado tu número.

¡Bendita Sandra!

–Sí, sí –dijo por decir algo.

–¿Te pillo en mal momento?

–No –mintió–. Estaba estudiando, aunque salgo en cinco minutos.

–Oh, entonces seré rápido.

«¡No quería decir eso!», se gritó a sí misma.

—No, tranquilo —se hizo la distendida.

—Mira, te llamo por si quieres venir con mi hermana y conmigo a una fiesta de cumpleaños, el sábado. Ella me ha pedido que la acompañe y, como no voy a conocer a nadie, he pensado que así podríamos hablar un rato. ¿Qué me dices?

La invitaba a salir.

En toda regla.

Fiesta de cumpleaños o no, excusa o no, le pedía una cita.

La llamaba él, no Sandra.

—¿De quién es el cumpleaños? —preguntó de nuevo, por decir algo y no aceptar enseguida.

—Una amiga de mi hermana, del colegio al que iba antes. Ella no lo pasó muy bien allí, por eso la cambiaron. Le hicieron algo de *bullying*, ya sabes. Sandra quiere ir, pero le preocupa que esté alguna de las que se metían con ella, y por eso me ha pedido que la acompañe.

No tuvo que preguntar por qué se metían con ella.

—Pues un momento, que voy a mirar mi agenda —le dio por bromear—. Veamos... el sábado... Sí, creo que tengo un hueco.

Al otro lado de la línea, oyó la risa de Pol. Una risa franca y segura. No parecía estar nervioso por invitarla a salir. Mireia no supo qué pensar.

¿Era un pibón de los que lo tenían todo claro y controlado?

Bueno, ya lo averiguaría.

—Entonces, de acuerdo. Ya quedaremos, ¿vale?

—Sí, vale —asintió.

—¡Chao!

—Adiós...

Se cortó la comunicación y se quedó con el móvil en la mano. Hacía ya rato que había dejado de taparse el pecho con la camiseta.

Tenía una cita.

Con Pol.

—¿Tú te lo puedes creer? —le dijo a Taylor.

12

Cuando se lo contó a Anna, su amiga abrió los ojos hasta más allá de las cejas.

–¿Pol?

–¡Sí!

–¿El que me dijiste que estaba como un tren?

–¡Sí!

Anna seguía en *shock*.

–¡Qué fuerte, tía!

–¿A que sí?

–Y qué suerte.

–¿Por qué suerte?

–Jo, te gusta un chico y te llama, sin más. ¡Eso es que también le gustas a él!

Parecía un sueño, pero era verdad.

–Bueno, tampoco hay que fliparse. Seguro que ha tenido ya un montón de novias.

–¡No seas negativa! –protestó su amiga–. ¿Por qué lo chafas siempre todo? ¡Te ha llamado! ¡No pienses en nada más! ¡Pásalo bien y ya está!

–Vale, perdona.

–A veces te mataría.

Mireia se mordió el labio inferior. Anna lo había pasado mal. Muy mal. Que el chico con el que salía se hubiese acostado con una amiga era algo difícil de digerir. Y todo porque ella le dijo que aún no estaba preparada para el sexo. ¿Lo fácil? Montárselo con otra.

Le estaba costando superarlo.

Y además, tan delgada, rozando la anorexia...

−Mireia...

−¿Qué?

−¿Lo de Adam está acabado de verdad?

−Sí.

−¿De todas todas?

−Sí, ¿por qué?

−Porque es buen tío.

−¡Ya sé que es buen tío! ¿Crees que me ha resultado fácil? ¡Ya te lo dije: no sentía nada, no podía seguir con él!

−¿Y si le llamo?

Mireia se quedó sin habla.

Hasta que un fogonazo de luz le iluminó el cerebro.

−¿Te gusta?

−Te lo dije al comienzo: sí −fue valiente y continuó con since-ridad−: Lo malo es que tú a veces no escuchas. Te recuerdo que le conocimos a la vez, te dije que era muy mono, pero él se fijó en ti, así que me aparté.

−¿Y te ha seguido gustando?

−Claro.

−¿Por qué no me lo decías?

−¡Porque salíais juntos, tía!

−¡Pero no había nada serio!

−¡Pues lo parecía!

Dejaron de gritarse.

Entonces se abrazaron sinceramente, como las amigas que eran. Mireia notó el sentimiento con el que lo hacía Anna. Respi-raba profundamente. La herida emocional de su ex no se cerraba.

¿De verdad creía poder cerrarla si Adam le hacía caso?

−Qué complicadas son las relaciones, ¿verdad? −le susurró al oído.

−Mi madre no para de repetirme que los primeros amores son lo mejor y lo peor, y que liarse antes de los veinte y de madurar es una pérdida de tiempo que te distrae de lo importante –manifestó Anna.

–Ya, ¿pero cómo evitar sentir algo por alguien?

–Ni que pudieran controlarse las emociones –afirmó la chica.

–¿Has pensado que igual, si Adam te hace caso, es para vengarse de mí? El rollo de la mejor amiga, ya sabes.

Anna se quedó callada unos segundos.

–No quiero pensar nada –dijo–. Me tropezaré con él, le diré que si quiere ir al cine o algo así, y luego ya veremos. Por hablar... Si se mete contigo, te defenderé y ya está.

–No, no me defiendas –la previno–. Tampoco me ataques. Solo escúchalo. Cuéntale que también has salido de una relación horrible.

–A veces pienso que, si Juan quisiera volver, me acostaría con él.

–¡No, eso no lo hagas! ¡Te arrepentirías toda la vida! La primera vez, imagino que ha de ser algo importante, una de esas cosas que te marcan y que nunca vas a olvidar. Si lo haces solo para retener a un tío, o por probar, ¡será peor!

Anna recibió el estallido de Mireia como si cada palabra fuese una bala. Bajó la cabeza y asintió. Parecía a punto de echarse a llorar, pero no lo hizo. Acabó apretando los puños y la mandíbula y levantó la barbilla, desafiante.

–Somos las fuertes, ¿verdad? –dijo.

–Sí, Anna, somos las fuertes –proclamó Mireia con vehemencia–. Nosotras decidimos, nunca lo olvides.

Prefirió no recordarle la canción de Taylor Swift en la que decía justamente eso.

13

No podía dejar de asistir a las sesiones de entreno, aunque no pudiera jugar. Necesitaba estar allí, ver a sus compañeras, oler el ambiente y sentir cada emoción. Adoraba a Taylor, era una completa *swiftie*, se sentía marcada por cada letra y cada canción, pero más adoraba jugar al fútbol, su pasión. Taylor estaría ahí siempre, con ella. El fútbol era ahora el eje de sus sueños y su futuro. De noche, imaginaba jugadas, goles imposibles, finales de Champions en las que metía el gol decisivo.

Jugaba en la división más pequeña de las federadas, pero si ascendían sería como dar un golpe sobre la mesa, sobre todo siendo un equipo tan joven. Las pruebas para entrar en los equipos inferiores del Fútbol Club Barcelona estaban ahí, a la vuelta de la esquina. Sabía que su entrenadora había hecho ya un informe previo. De ahí a que la llamasen...

La maldita lesión...

Elisabet lo estaba haciendo bien, más que bien. Por eso Sonia Llompart iba a ponerlas juntas en el medio del campo. Seguro que se acoplaban aunque en teoría ocupasen la misma posición. Una tendría que complementar a la otra, o atacar más que defender.

Observó a Sandra.

Era una jugadora muy completa, técnica, pero no agresiva. Si había que poner el pie, prefería no hacerlo. Llamaba la atención por lo guapa que era, con el pelo recogido mediante una diadema pero la cola suelta y desparramada igual que una llamarada negra.

¿Cómo sería besar a otra chica?

El entreno y el partidillo acabaron y se metió con ellas en los vestuarios. Respondió a las preguntas de rigor acerca de su estado, de si le dolía o no, y se acercó a Sandra cuando ella se estaba vistiendo.

–Me llamó tu hermano –le dijo como de pasada.

–Sí, me pidió tu teléfono –le contestó con la misma naturalidad ella–. ¿Vas a venir?

–¿A la fiesta? Sí, ¿por qué no?

–Pol es muy majo, ya verás.

–Eso parece. ¿Te llevas bien con él?

–Mucho. Nos hemos apoyado siempre. A ver, yo tengo dieciocho y él acaba de cumplir veinte hace unos días, una diferencia de edad muy corta. Encima, ha ejercido siempre de hermano mayor, a conciencia. Una vez, cuando era niña, a una de las chicas que se metían conmigo no le hizo una cara nueva de milagro. Se le acabaron las ganas de acosarme –se acabó de calzar y se puso en pie; entonces agregó sin más–: Creo que le gustas.

–¿A tu hermano?

–Sí, claro.

–Pero si solo me ha visto una vez, el otro día, y muy de pasada.

–¿Y qué? Cuando nos quedamos solos, me preguntó qué edad tenías, de qué jugabas, si éramos muy amigas... Bueno, ya sabes. Incluso me dijo que eras muy guapa.

Mireia se puso roja.

–¿Ah, sí?

–¡Ánimo! –le guiñó un ojo Sandra mientras recogía su bolsa–. Por raro que te parezca, nunca ha tenido novia antes, al menos así de manera oficial, aunque salir... Desde luego, no ha parado. ¿Nos vamos?

Las dos echaron a andar hacia la salida de los vestuarios.

14

Intentaba no pensar en la cita de la tarde, pero era sábado. Lo único que sabía era que la fiesta, o lo que fuese, iba a empezar entre las siete y las ocho. Prefería que la llamase Pol, porque, si lo hacía ella, quizá mostrase demasiada impaciencia e interés.

Pero es que estaba impaciente e interesada.

–¿Puedes bajar a por el pan?

Iba a gritar que por qué no bajaba Laia, que estaba en su cuarto, encerrada a cal y canto, pero no quería discutir. No en un día como aquel. Prefirió callar y bajar a cumplir la petición de su madre. Faltaba poco para la hora de comer.

Bajó la escalera saltando los peldaños de dos en dos. De niña, lo hacía de tres en tres. Pronto empezaría a hacerlo de uno en uno. ¿Edad o cordura? No quiso pensar en ello. Salió a la calle y la golpeó el sol, ya cálido y preludiando un verano lleno de expectativas.

Fue a la salida de la panadería cuando se dio prácticamente de bruces con Juan, el ex de Anna.

Imposible eludirlo.

–¡Mireia!

–Hola, Juan –fue seca.

Iba a decirle que tenía prisa, que no podía entretenerse, pero el chico le cortaba el paso. Además, le hizo la pregunta sin darle tiempo a reaccionar:

–¿Cómo está Anna?

Se lo quedó mirando como si la pregunta fuese un chiste. Un mal chiste. Juan sonreía con su habitual desparpajo. De hecho, era divertido, mucho, hasta que por un rincón de su alma asomaba su lado oscuro. Entonces dejaba de serlo para semejarse más bien a una serpiente.

Fuera máscaras.

–Fantástica –respondió escueta.

–¿En serio?

–¿Qué te crees, que te va a estar llorando? –se puso combativa.

–Tía, no, pero...

–Pero nada. Te aseguro que está de puta madre. Una vez ha visto cómo eres...

–No te metas conmigo –se defendió serio, sin atacar, con la guardia baja–. Lo hablamos...

–No –le cortó–. Tú le pediste algo que no quería darte en este momento. Punto. Y, como por lo visto ibas desesperado por hacerlo, te lo montaste con quien menos debías.

–¿Qué quieres que te diga? Pensé que... –no encontró las palabras–. Jo, yo la veía muy enamorada.

–Anna es una romántica –dijo despacio, para no montar el número en plena calle–. Está enamorada del amor. Quiere querer y ser querida, eso es todo. Y en una relación hay un proceso que necesita etapas, sin saltarse ninguna, ¿lo captas?

–Pareces una experta –rezongó hastiado.

–Un poco más cerebral sí soy. Nada más. Mira –decidió que era hora de regresar a casa–: Anna ya está saliendo con otro, así que pasa página y no marees. ¿O la tía con la que te acostaste solo fue para la ocasión?

–Desde luego...

–¿Desde luego qué? –le espetó en plena cara–. Las cosas acaban y ya está, sobre todo cuando alguien mete la pata –agitó la barra de pan–. He de irme, colega.

–¿Con quién está saliendo? –hizo un último intento el chico.

Mireia no le contestó, le dio la espalda y echó a andar. Juan ya no hizo nada para detenerla. El portal estaba a unos diez metros. Justo cuando entraba en él, sonó su móvil. Lo sacó del bolsillo trasero de los vaqueros y vio el wasap.

Pol.

El mensaje era escueto.

Te recojo a las siete y cuarto.
Estaré con el coche en la esquina,
saliendo a la izquierda.

15

Era la primera vez que salía con un chico que tuviera coche.

Bueno, era la primera vez que salía con un chico «de verdad».

Como si Adam no contase.

Como pasar de jugar en la última categoría del fútbol femenino a hacerlo en Primera División.

No hubo más mensajes. Salió de casa a las siete y cuarto en punto y Pol ya estaba allí, esperándola en la esquina. Era evidente que el coche no era suyo, a no ser que resultase que el hermano de Sandra estaba forrado. Iba en un BMW deportivo. Pol estaba de pie junto a él. Vestía como probablemente vestían los pijos con clase, es decir, sin aparentar ser lo primero o tener lo segundo. Sandra también era elegante, pero su hermano mayor se salía. Iba impecable: vaqueros gastados, camisa, jersey anudado al cuello, zapatillas deportivas como recién compradas y el pelo revuelto pero perfecto. Por un momento, le pareció un personaje de película. De película americana.

Pol se separó del coche al verla. Cinceló una gran sonrisa en su rostro y dio un par de pasos para recibirla. Todo fue muy simple y rápido, natural, como si llevasen tiempo saliendo juntos.

–Hola.

–Hola.

Dos besos.

Luego, le abrió la puerta del lado que iba a ocupar ella.

Cuando se sentó él, la primera pregunta sonó obligada.

–¿De quién es el coche?

–Este es el de mi madre. Me lo presta con una condición.

–¿Cuál?

–Nada de golpes. Si le hago un solo rasguño, me mata.

–¿Y te arriesgas?

–Es mi madre. Me matará poco.

–¿Y Sandra?

–Ha ido a ver a nuestra abuela. Ella irá por su cuenta con una amiga.

Arrancó el coche. El motor ronroneó con la potencia de sus muchos caballos. Mireia se abrochó el cinturón de seguridad. Rodaron unos minutos antes de que volviera a decir algo:

–¿Dónde es la fiesta?

–En San Cugat.

–Vaya.

–¿Vaya?

–Ahí suele vivir gente de pasta.

–No todos, pero en este caso sí. Es una casa con jardín.

–Y, siendo una fiesta de cumpleaños..., ¿no llevamos nada? –se asustó de pronto.

–Sandra ya ha pensado en eso. Creo que le llevamos un libro.

Pol enfiló la parte alta, para salir por la Vía Augusta y coger los túneles de Vallvidrera. Conducía despacio e iba muy atento. El interior del coche estaba impecable y olía a limpio. Le tocó el turno de decir algo a él:

–Gracias por aceptar venir.

–No, gracias a ti por pensar en mí.

–Sandra habla muy bien de ti –pareció despistar–. Dice que eres muy buena y que acabarás jugando profesionalmente.

–Tu hermana es fantástica –la alabó.

–Pero no es de las que dicen las cosas porque sí. Es una de las personas más sinceras que conozco. Y con la cabeza muy bien amueblada.

–Estoy de acuerdo.

–A ella también le gusta el fútbol, pero lo ve como un pasatiempo, una forma de llenar un espacio de su vida. Primero intentó

jugar al baloncesto y no le salió muy bien. Después probó el volei-
bol, y finalmente se sintió más cómoda pegándole patadas a una
pelota. Es competitiva, le gusta ganar, pero no es de las que se matan
por ello.

–A mí me gusta como juega porque es muy elegante.

Pol soltó una pequeña carcajada.

–¡Elegante, tú lo has dicho!

–¿Y tú qué haces?

–¿No te lo ha comentado mi hermana?

–No.

Era como decir: «No he preguntado».

Quizá él lo interpretase como falta de interés.

–Yo estudio Económicas.

–¿Te interesa el dinero?

–El dinero, no; la geopolítica en torno a él, sí. Mercados, bolsas... Es un mundo apasionante o, al menos, eso me parece. No veas
la alegría que le di a mi padre cuando me decidí por esta carrera.
Hasta los catorce o quince años quería ser escritor.

–¿Escribes bien?

–Escribo –fue conciso–. Comprendí que nunca llegaría a mucho con mi escritura y... Bueno, para quedarme a medio camino de
algo, mejor no empezar.

–Siempre puedes volver a escribir, a los treinta, los cuarenta...

–¿Tú ya tienes claro qué vas a estudiar?

–Yo soy de letras –no quiso decirle abiertamente que todavía
seguía llena de dudas, y que dependía de la nota que sacase en la
PAU para escoger una carrera u otra–. Quizá haga algo de humanidades, filología...

Estaban entrando ya en los túneles. Pol puso el BMW al máximo
de la velocidad permitida. Las luces de ambos lados fueron como
disparos, ráfagas que llegaban de frente y se perdían por detrás. El
tráfico no era excesivo, no era hora punta.

Mireia se relajó.

Ni siquiera se había dado cuenta de lo tensa que estaba desde el mismo instante de entrar en el coche.

Iba a una fiesta, con Pol.

Una semana antes, todavía se debatía entre cortar con Adam o pensárselo mejor.

—Me gustan tus manos —dijo inesperadamente él.

16

La fiesta era, en realidad, una maxifiesta espectacular. Una casa enorme, un jardín excelso con piscina y, al menos, sesenta o setenta chicos y chicas moviéndose por todas partes, hablando, riendo, bailando con la música alta en el interior. Y parecían llegar más. Primero se sintió algo cohibida, sobre todo por no conocer a nadie, pero Pol la hizo sentir de lo más normal, como si ese fuera su ambiente. Sandra no tardó ni quince minutos en llegar. Llevaba un libro perfectamente envuelto en las manos. Lo dejó con los demás regalos en una mesa, con una nota que ponía: «De Sandra, Pol y Mireia».

Cuando Sandra empezó a presentarla, las cosas cambiaron.

–¿Tú eres la que juega tan bien al fútbol?

–¡Qué fuerte, tú!

–¡Dice Sandra que vas para estrella!

–¿Qué te pasó en el brazo?

–¿De qué juegas?

El diálogo giró en torno al fútbol, hasta que no dio más de sí y la novedad pasó. Pol se encargó de llevársela, primero hasta la barra, para pillar bebida, y después al jardín, para ver cómo empezaba a ponerse el sol. La casa estaba rodeada por un bosque en su parte trasera, así que la sensación, al margen de la música y la fiesta, era de paz. De momento, nadie se bañaba en la piscina.

Quizá algún loco lo hiciera luego, si bebía lo bastante.

–¿Estás bien? –le preguntó Pol, haciendo que su botella chocara con la de ella.

–Impresionada –se encogió de hombros.

–¿Por la casa?

–Y por el ambiente.

–Bueno, ya sabes que hay gente para todo. El señor Pons es un alto ejecutivo de CaixaBank.

Mireia se apoyó en una de las columnas del vestidor de la piscina, como si necesitase guardarse la espalda. Miró a los que bailaban. Desde allí, la música se oía mucho más baja. Sandra se desmelenaba dando saltos, feliz como pocas veces recordaba haberla visto.

–¡Qué guapa es! –reconoció Mireia.

–Pues sí, la verdad. Pero nunca ha ido de pibón.

–Pero destaca.

–Ella no le da importancia. Te aseguro que es de lo más normal. Y esto... –se tocó la sien con el índice de la mano derecha–. Si te considera su amiga, puedes sentirte satisfecha, porque es muy selectiva. Además, respeta mucho el talento. Lo valora.

Talento.

¿Lo tenía?

¿Solo por jugar bien al fútbol?

–¿Vamos a bailar? –le propuso Pol.

Lo deseaba. Quería meterse bajo la campana musical, cerrar los ojos y empezar a dar saltos. Agradeció que él se lo pidiera, aunque ella no habría tardado en hacerlo. Dejaron las botellas ya vacías en una mesa y se dirigieron a la zona del baile. Nada más entrar en ella, se produjo el milagro. ¿O cómo llamarlo?

Sonó *Shake It Off*.

Se le erizó la piel. No podía creerlo.

¿Su primer baile con Pol y era una de las canciones más alegres, comerciales y marchosas de Taylor?

No, no podía ser suerte o casualidad.

Era cosa del maldito destino.

Mireia se desmelenó.

Cantó la letra, que se sabía de memoria, como todas las de su diosa, y bailó con los ojos entrecerrados, mirando a Pol, que también bailaba de maravilla. Fueron unos minutos mágicos. El siguiente tema ni lo conocía, pero ya no le importaba. Habían conectado. Pol reía. Ella reía. Ahora sí cerró los ojos y se dejó llevar, llevar, llevar...

¿Había algo mejor que una canción para hacerlo?

Romper con Adam la había liberado, pero de pronto estaba en una fiesta con otro chico, y la cabeza le daba vueltas y más vueltas. Ni siquiera estaba segura de lo que sentía. ¿Necesidad de seguir? ¿De agarrarse a la vida como fuese? ¿Y por qué se comía tanto el tarro?

¿Por qué, simplemente, no lo pasaba BIEN?

Notó cómo la miraba Pol. Sintió sus ojos en el cuerpo, en la piel, pero ella no abrió los suyos.

Se fundió con la música y eso fue todo.

17

Después del tercer refresco y de bailar durante más de media hora, Mireia tuvo la imperiosa necesidad de ir al baño. En el de la planta baja de la casa había cola. Subió al primer piso y encontró uno grande y vacío. Se metió directamente en él y cerró la puerta. Desde allí no se oía nada, como si todo estuviese insonorizado. Cuando acabó, se miró al espejo y puso media docena de caras. No había querido tomar fotos de la casa o el jardín, para no parecer una hortera, pero allí sí sacó el móvil y se hizo un selfi. Se la mandó a Anna.

> Aquí, en el Paraíso. Ya te contaré.

Volvió a guardarse el móvil y salió del baño. No pudo resistir la tentación de echar un vistazo a su alrededor. Había un par de puertas abiertas, porque por todas partes salían y entraban chicos y chicas. Localizó un enorme despacho, en el que no se atrevió a entrar. Los cuadros de las paredes parecían buenos, de grandes pintores. Se asombró de que el dueño de la casa permitiera que su hija celebrase una fiesta como aquella.

Igual estaba fuera y no sabía nada.

Iba a regresar a la parte de abajo cuando escuchó aquella conversación.

¿Otra casualidad?

—¿Habéis visto a la que se ha traído Pol?

Mireia se detuvo. Ellas eran tres y hablaban en una especie de salita-biblioteca. Parecían estar descansando de tanta movida. Se parapetó junto a la puerta entreabierta y alargó la cabeza lo que pudo para oírlas.

–¿La futbolista? Sí.

–Juega con su hermana.

–Igual están liadas.

–No, no, que ha venido con Pol.

–Sandra ya tiene a Gloria.

–Bueno, las lesbianas suelen tener muchas parejas, ¿no?

–¿Qué dices, tía? No son tan guarras.

–¡Ah, no sé!

–Parece maja.

–¿La futbolista? Ps. Para lo guapo que es Pol...

–Seguro que es ella la que le ha tirado la caña.

–Es tan mono...

–¿Tú lo intentaste?

–Sí, pero nada. Ni me miró, el muy idiota.

–Caray, es que fuiste a saco.

–Tú calla, que bien que te lo montaste con Carlos fingiendo estar pedo.

–¡No me lo recuerdes!

Se rieron, felices.

–Sea como sea, es la primera vez que Pol se trae a una.

–Sí, eso significa algo.

–Bueno, Pol es muy suyo.

–Pero va de interesante y tal.

–¿A ver si resulta que es gay?

–¡Qué dices! Novias no le van a faltar.

–Mira que sois cotillas, ¿eh? ¿Y si le gusta la futbolista en serio?

–Pues allá él.

–Si le basta...

–Yo creo que es por lo exótico.

–¿Qué quieres decir?

–Pues eso de que juegue al fútbol. Igual le da morbo.

–No sé por qué.

—Las chicas jugando y un montón de salidos metiéndose con ellas desde las gradas, con los novios aguantando para no liarse a bofetadas.

—¡Hala, tremendista!

—¿Tú has ido a ver un partido de fútbol femenino?

—Ni femenino ni masculino.

—Pues yo sí, y es penoso.

—A ver si pillamos a Sandra y nos cuenta si Pol va en serio.

—¿Sandra? Esa es una tumba.

—Bueno, ¿volvemos? Igual nos estamos perdiendo algo.

Mireia no esperó más. Se apartó de la puerta y echó a correr escaleras abajo para mezclarse con la gente cuanto antes.

18

Era un momento de calma.

El jardín, la noche, dos tumbonas junto a la piscina iluminada desde debajo del agua. Incluso se había tomado una cerveza.

Suficiente para que se le fuera la cabeza un poco.

Y la lengua.

La conversación de las tres chicas revoloteaba por su cabeza. Las había visto bajar. Tendrían más o menos su edad, diecisiete, aunque una, por la forma de vestir, parecía mayor. Buscó a Sandra, para preguntarle si las conocía, pero no la encontró por ninguna parte. Luego sí, estando ya de nuevo con Pol, la vio besándose con una chica, no en plan comerse la boca, pero sí de manera muy cariñosa, besitos cortos y dulces, suaves.

Ahora, en las tumbonas, con Pol a su lado...

—Pol.

—¿Sí?

—¿Has conocido a muchas de las que están aquí?

—¿Conocer? —frunció el ceño, sin comprender el alcance de la pregunta—. Bueno, conozco a varias, sí.

—Me refiero a... —se dio cuenta de que estaba metiendo la pata.

—¿A si he salido con alguna? —le pilló la intención él.

—Perdona —Mireia se pasó la mano por los ojos, como si apartara algo de ellos—. Es que antes he oído una conversación...

—¿Chismes?

—Supongo que sí, no me hagas caso.

Pero ya había abierto ese melón.

—¿Qué se decía en esa conversación?

—Nada. Una que había intentado ligar contigo y, por lo visto, pasaste de ella.

—Creo que ya sé a quién te refieres. Menuda es. Supongo que no hablaba bien de mí.

—No mucho.

—Mira, no se puede luchar contra lo que piensan los demás, ni tratar de convencerlos de que eres un tío legal o lo que sea. Todos tenemos una imagen de cada cual, y es difícil cambiarla. Hay una frase de Kurt Cobain que me encanta. Dice: «Prefiero que me odien por quien soy a que me quieran por lo que no soy». ¿Sabes quién era Kurt Cobain?

—Hasta ahí llego —dijo Mireia—. El cantante de Nirvana.

—¿Qué más has oído?

—Algo así como que has tenido muchas novias —lo soltó como si necesitase liberarlo.

La carcajada de Pol fue estentórea.

Se arrepintió al momento, porque algunas miradas convergieron inevitablemente en él bajo la calma de aquel rincón del jardín.

—¿Novias? ¿Así, en plural?

Mireia recordó de pronto que Sandra le había dicho que una novia oficial no, pero que, desde luego, salir con chicas..., no había parado.

—Creo que la cerveza se me ha subido a la cabeza —quiso excusarse ella.

Demasiado tarde.

—Mira —el tono de voz de Pol fue apacible—, novia-novia he tenido dos. Una a los trece años, que fue la que me rompió el corazón, y otra con la que estuve solo unos meses porque se fue a Wyoming.

—Sí, ya —se burló Mireia.

—¡Que sí, que se fue a Wyoming, no es broma! —dejó de estar tumbado y se sentó en la tumbona, de cara a ella, con el cuerpo inclinado hacia delante—. ¿Eres celosa?

La pregunta la pilló a contrapié.

—No —dijo poniéndose roja.

—Es que, si lo eres, esto no funcionará —repuso Pol.

A Mireia se le paró el corazón.

—¿Esto?

—Esto, sí —abrió los brazos y las manos, haciendo un gesto claro que los abarcaba a ambos—. Me gustas.

Dejó de respirar.

¿Estaba sucediendo?

Lo único que se le ocurrió decir fue:

—¿No vas... vamos muy rápido?

—¿Crees en el amor a primera vista? —preguntó Pol, mirándola con una dulzura extrema.

Le salió de muy adentro:

—Sí —suspiró rendida.

—Pues ya está —Pol dejó de estar sentado, se arrodilló y se inclinó sobre ella—. Ahora, ¿puedo darte un beso?

19

Debió de ser el beso de todos los besos.

Porque se hizo largo y eterno.

O quizá fuese que el tiempo se detuvo.

Luego, el silencio, cogidos de las manos, sin mayor diálogo que el de sus miradas, en parte felices, en parte sorprendidas, en parte maravilladas.

Mireia fue la que primero habló.

Necesitaba escuchar su propia voz.

–¿Lo preguntas siempre?

–Aquí la palabra «siempre» es tramposa.

–Bueno, entonces, ¿por qué me has preguntado si podías besarme?

–Pues por educación –sonrió Pol–, pero también por estar seguro de que tú quieres. Imagínate que me lanzo y me sueltas una bofetada.

–¿Hablas en serio?

–Completamente.

–Pero, cuando dos personas van a besarse, lo saben.

–Yo lo sé ahora. Antes no.

Y volvió a besarla.

Pol era dulce. Mireia también. Había muchos tipos de besos y muchos tipos de pasiones. La suya era ternura, sin fuerza ni violencia. Flotaban ingrávidos. Levitaban en un espacio tan lleno de luces como de complicidad.

–Maravilloso... –susurró él, mucho rato después.

–Gracias –dijo ella.

—A veces, la vida es como una canción: durante tres minutos es perfecta.

—Eres todo un poeta.

—No es una frase mía. Ojalá lo fuera.

—Dime una frase tuya.

Pol pareció meditarlo. No tardó demasiado, apenas unos segundos:

—Creía estar mirando la vida, pero en realidad veía el infinito.

—Preciosa.

—Pues acabo de inventármela.

—Entonces, no estudies Económicas y hazte escritor.

—¿Lo dices en serio?

Ahora lo besó ella a él.

Otra eternidad acotada.

—Vamos a bailar, o acabaré desmayada —dijo finalmente, apartándole para tratar de ponerse en pie.

20

No era muy tarde, pero tampoco temprano. Había llamado a casa para decir que estaba en una fiesta en San Cugat, pasándoselo muy bien, y que la llevarían de vuelta en coche.

—¿Quién? —preguntó su madre.

—Un amigo.

—¡A ver si va a conducir bebido!, ¿eh?

Siempre positiva.

Pol se había tomado un par de cervezas, nada más. De todas formas, por si acaso, conducía despacio y respetando los límites de velocidad. Después del torrente de inesperados besos, se habían tranquilizado. Bailar les acababa de liberar la adrenalina disparada con lo que acababa de suceder. Ningún comentario sentimental. Ningún deje de ironía personal. Mireia todavía se estaba recomponiendo de la sorpresa.

Fue después del peaje cuando Pol le preguntó:

—¿Qué te gusta, además del fútbol?

—Taylor Swift —respondió ella sin dudarlo.

—¿Sastre Rápido, en serio?

—¡No la llames así! —estuvo a punto de soltarle un manotazo.

—¡Eres *swiftie*! —alucinó Pol.

—¡Sí! ¿Qué pasa?

—Nada, nada —se apresuró a excusarse él—. Es que no lo imaginaba.

—¿Por qué? ¿No doy la imagen de fan?

—Ni lo había pensado.

—¿No te gusta Taylor?

—No está mal.

—¿Que no está mal? —volvió a gritar—. ¡Es la más grande, por Dios! —de pronto agregó—: ¡Para el coche!

—¿Cómo que pare el coche?

—¡Me bajo!

—¿En mitad del túnel?

—¡Si no te gusta, me bajo! —insistió ella muy seria.

Pol la miró de reojo.

Calibrando hasta qué punto hablaba en serio.

—Ya veo que voy a tener que escucharme toda su discografía —suspiró.

—¡Más te vale! —lo amenazó con un dedo—. ¡Y verte sus documentales, para ponerte al día!

—Vi uno —la sorprendió.

—¿En serio? ¿Cuál?

—El de la cabaña, cuando grabó el álbum de la pandemia, *Folklore*.

Logró sorprenderla todavía más.

—¿Y te gustó?

—Ahí fue cuando la descubrí en serio. Antes me parecía la típica niña mona, con canciones pegadizas y todo eso. Pero ese álbum es... pura poesía. Y música.

—¡Ese álbum es lo más de lo más!

—Estoy de acuerdo.

Le lanzó una mirada sospechosa.

—¿No lo estarás diciendo para hacerme la rosca y quedar bien?

—¿No te digo que he visto el documental de cómo grabó ese disco?

—Te acabas de recuperar —movió la cabeza de arriba abajo Mireia.

—¿Y he ganado algún punto?

—Te daría un beso, pero estás conduciendo.

—Vale, gracias.

—Pero como vuelvas a llamarla Sastre Rápido, o Veloz... Además, en inglés, «sastre» es «tailor», con i latina.

—¿Tú desde cuándo eres *swiftie*?

—Creo que desde siempre, aunque no recuerdo cuándo la escuché por primera vez. No sé, tendría siete u ocho años.

—¿En serio?

—Sus letras me ayudaron a entender muchas cosas, Pol. No es solo una cantante. Es una mensajera, una transmisora. Es pura emoción, ¿comprendes?

—Desde luego, es guapísima —convino Pol.

—¡No es solo eso! ¡Es guapa y tiene un cuerpo que te mueres, vale, pero es más, mucho más!

De pronto hablaba con la pasión que solo le ponía sobre el terreno de juego, o cuando marcaba un gol. La pasión brutal que pocos podían entender.

Porque solo se tenían diecisiete años una vez en la vida.

—Me fijaré en sus letras, te lo prometo —le dijo Pol.

—¿En serio?

—¡Que sí! Si tan importante es para ti...

—Que conste que no soy una fan loca, ni digo eso de ser la número uno de todas sus fans. Pero formamos una comunidad. Conseguí que mis padres me dejasen ir a verla a Madrid y creí que me moría. Ya no podía haber nada mejor en la vida que ese momento.

—Hay muchos momentos mágicos en la vida, ¿no crees?

Se encontró con su mirada cargada de intenciones.

Y Mireia supo a qué se refería.

—Creo que, entre los catorce y los dieciocho años, todas buscamos espejos, referentes. Y no es fácil encontrarlos —habló despacio, como si reflexionase en voz alta—. Las canciones son eso, y cuando todas te las hace la misma persona...

Pol ya no respondió. Sin darse cuenta, estaban en Barcelona. Sin tráfico, el paseo hasta la casa de Mireia fue rápido. Incluso los semáforos se pusieron de acuerdo para estar todos en verde. Había luz en la ventana del comedor, la que daba a la calle.

—Para en la esquina —le pidió señalando el piso.

El coche frenó suavemente. Luego fue un poco marcha atrás, para apartarse de la visual.

–¿Se asomará tu madre?

–No, no creo.

–¿Puedo volver a besarte?

Sabía que lo decía en broma, siguiendo el juego inicial. Ya no hacían falta preguntas. Sin embargo, Mireia fue rápida.

–No –dijo, abriendo la portezuela del coche.

–¿Por qué? –se extrañó él.

–Porque esta vez ya no hacía falta que lo preguntaras. Has perdido la oportunidad, amigo.

–Bueno, pero...

Mireia ya estaba de pie en la acera.

–Ha sido...

No supo cómo seguir.

Tampoco hacía falta.

–¡Adiós! –echó a correr en dirección al portal de su casa.

Pol esperó a que hubiese entrado en él. Solo entonces volvió a poner el vehículo en marcha.

Al pasar por delante del portal, sorprendió a Mireia dando saltos en silencio, con los puños en alto.

21

Our coming-of-age has come and gone
Suddenly the summer, it's clear
I never had the courage of my convictions
As long as danger is near
And it's just around the corner, Darling
'Cause it lives in me
No, I could never give you peace
But I'm a fire
and I'll keep your brittle heart warm.

(Nuestra mayoría de edad ha ido y venido.
De repente, el verano, está claro.
Nunca tuve el coraje de mis convicciones.
Mientras el peligro esté cerca,
y está a la vuelta de la esquina, cariño.
Porque vive en mí.
No, nunca podría darte paz.
Pero soy un fuego
y mantendré caliente tu frágil corazón).

Peace, Taylor Swift & Aaron Dessner

Querida Taylor:
Vaya horas de escribirte, ¿verdad?
Pero es que lo que me ha pasado hoy...
¿Tú crees que podría meterme en la cama como si nada y dormir?
¡Imposible!
Ni siquiera sé cómo contarte esto. Tú lo sabrás mejor que yo:
conoces a un chico, te gusta, le gustas, quedáis, vais a una fiesta
de película americana y te besa, y le besas, y de pronto todo cambia,
hay luces y armonía, ni siquiera notas el dolor del brazo porque lo

que notas es otra clase de dolor, si es que puede llamársele dolor: el del alma, el corazón, los sentidos. El dolor invisible, lo llaman. Fuego que no quema pero abrasa igual. ¿Cómo asimilas esto?

No se puede, ¿verdad?

Estaba hecha un lío con lo de Adam. Me sentía culpable. ¡Culpable por no querer a alguien! Pero es que nunca estuve lo que se dice enamorada de él. ¿Puedes querer a un amigo tanto como para que no sea amor? Creo que era necesidad y, por ello, supervivencia. Anna lo estaba pasando mal y yo me sentía sola. Me refugié en el fútbol y en ti, pero sin poder jugar por culpa de la lesión del brazo, solo me has quedado tú. ¡Tengo tantas ganas de volver!

Me preocupa Anna. Cada vez la veo más delgada. Y no me atrevo a preguntarle. La última vez, me dijo que era su constitución. Pero sé que el principal problema de las anoréxicas es la negación de su aspecto. Ellas se ven gordas aunque estén en los huesos. No sé qué hacer. Es mi amiga, pero a veces nos revestimos de capas y más capas, para protegernos, y eso nos hace impenetrables para según qué.

Y de Pol, ¿qué decirte? No es que sea un fan tuyo, habría sido demasiado, el chico perfecto, ¡pero valora lo que hiciste con Folklore, y ha visto el documental! ¿Se puede pedir más?

Como siempre, acudo a tus canciones para que me ayuden. Sabes que subrayo las frases que más me llegan. Por ejemplo, esta de Should've Said No, que dice: «No debería estar rogando a mis pies que te perdonen». Es fantástica. O esta de Long Live: «Tuve los mejores momentos de mi vida luchando contra los dragones contigo». O estas dos de Cruel Summer: «Los demonios tiran los dados, los ángeles voltean los ojos» y «Un chico malo se ve como un juguete brillante». Esta última es memorable. ¿Será Pol un chico malo? No lo creo. Hay algo en el fondo de sus ojos que transmite paz, serenidad y confianza. Sabe que es guapo, pero no va de eso. Lo que me parece increíble es que se haya fijado en mí, y no porque me coma el tarro con tonterías del tipo «soy tal o cual». Simplemente es que me veo normal, normalísima, aunque Anna o mi hermana Laia opinen que soy atractiva.

Atractiva.

Siempre me ha parecido una palabra que sustituye a «guapa» en términos amables.

Ahora sí, voy a dormir, o mañana, aunque sea domingo, estaré muerta. Quiero ir a ver el partido para animar a mis compañeras.

¡Chao, amiga, estés donde estés en este ancho mundo que has conquistado y te adora! ¡Ojalá te pille componiendo o grabando tu próxima maravilla!

22

Le había quitado el vendaje compresor y la estaba palpando con los cinco sentidos, de manera minuciosa. Allí debajo, al otro lado de la piel, había huesos, tendones, cartílagos, músculos, venas. Todo tenía que funcionar como una masa articulada y perfecta.

–¿Te duele aquí?

–No.

–¿Aquí?

–No.

–¿Y aquí?

–No.

–No me mientas –le advirtió el médico.

–¡No le miento!

–¡Te duele aquí?

–¡Ay!

–Vale –suspiró el hombre.

Continuó la exploración. Esta vez no le hizo ninguna radiografía. Bastaba el tacto. Cuando acabó de recorrerle el brazo, de la muñeca al hombro, se concentró en algunas partes del codo, especialmente en la zona de donde le había extraído la queja.

–¿Voy a morirme? –quiso bromear Mireia.

–Por supuesto –contestó el médico, muy serio–. Pero si te cuidas, y siendo mujer, y teniendo en cuenta que has nacido ya en el siglo XXI, lo harás pasados los noventa. O los cien.

–Venga, dígame algo –quiso apremiarlo ella.

–Te lo estoy diciendo.

–¿El brazo...?

—El brazo está perfectamente —la tranquilizó—. No para jugar mañana, pero sí en siete u ocho días más. Te voy a poner una venda menos fuerte y vas a seguir portándote bien. Si juegas y te caes, será peor. Podrías tener para un mes, o dos.

De solo pensarlo, se le encogió el alma.

—No hace falta que me meta miedo —advirtió—. Seguiré portándome bien, palabra.

—Eso espero. Venga, ya estás.

Mireia volvió a ponerse la camiseta. El médico se dedicó a teclear algo en su ordenador. Probablemente, el informe de lo que acababa de hacer, para su ficha.

—¿De qué juegas? —le preguntó de pronto.

—Medio con llegada.

El hombre esbozó una sonrisa.

—¿Sabes? Cuando yo era joven, había dos medios, uno defensivo y otro ofensivo. Y, por supuesto, los equipos se anunciaban con tres defensas, dos medios y cinco delanteros. El 10 era el interior izquierdo, no la estrella del equipo. Y el 8, el interior derecho, por supuesto. El delantero centro era eso: el delantero centro. No había falsos nueves, ni dos centrales, ni pivotes, ni carrileros... Tan sencillo como eso.

—Todo cambia, ¿no?

—Pero se sigue jugando igual, y lo que cuenta es que la pelotita entre. Lo demás son historias.

—Le dedicaré el próximo gol que haga.

—No te voy a dar de alta antes porque me hagas la rosca —le sonrió con malicia.

—Insobornable, ¿eh?

—No lo sabes tú bien, querida —la despidió—. Anda, ya te puedes largar. Nos vemos en una semana a ver qué tal.

Salió de la consulta del médico más animada de lo que había entrado. Dos semanas de oscuridad frente a la última restante. Con suerte, incluso podría jugar el siguiente partido, el domingo por la mañana. Sin ella, habían ganado cómodamente el de este domingo.

No miró el móvil hasta sentarse en el autobús. Iba a escribir un wasap primero a Anna. Después a Pol. La señal de una noticia titilando en la pantalla la hizo olvidarse de sus intenciones. Procedía de uno de los clubs de fans oficiales de Taylor en Estados Unidos. Lo leyó y le dio un vuelvo el corazón: «*Taylor Swift announces a new single with a surprise and a music video that will be filmed outside the United States*».

Una nueva canción siempre era una gran noticia.

Lo de que el videoclip se iba a rodar fuera de Estados Unidos y era secreto le picó la curiosidad.

Bueno, estaría al tanto.

Volvió al punto de partida y mandó los wasaps para decir que estaba bien y en camino de reaparecer como futbolista.

23

–¡Hola, abuelo!

El hombre pegó un pequeño respingo. Casi se le cayó el libro que tenía entre las manos.

–¡Te he dicho que no me des sustos! –le reprochó con suavidad–. ¿Y si me da un infarto?

Mireia lo abrazó y le dio dos sonoros besos.

–¡Anda ya con tu corazón, que lo tienes como la campana de la catedral! –le replicó.

–¡Será por grande y vieja!

–¿Qué lees? –se sentó delante de él.

–Una novela policiaca.

–Tú y tus novelas policiacas...

–Son las mejores. Ahí se puede criticar todo.

El silencio en la casa era agradable. Su abuelo sentado en la butaca, de espaldas a los ventanales, la tele apagada. La abuela en su templo: la cocina. Y no era por tradición machista: es que le encantaba cocinar. Tenía más libros de cocina y recetarios que ninguna otra cosa.

–¿Cómo va eso? –señaló el brazo vendado de su nieta.

–Una semana más y ya está.

–Bien –le puso un punto al libro, para recordar dónde estaba, y lo dejó sobre la mesita, al lado de un vaso de agua–. ¿Qué te cuentas?

–Nada.

–¿Nada? No me lo creo. Si a tu edad no te pasan cosas...

–Abuelo, lo de siempre: estudiar y poco más. Cuando vuelva a jugar, ya te contaré. De momento, el domingo ganamos y estamos cada vez más cerca de subir.

–Bien –alargó la última vocal–. ¿Y Laia?

–Pregúntale a ella. Mándale un wasap.

–La última vez, me mandó tantos emoticonos de esos que no supe si estaba bien, loca o había sufrido un derrame cerebral.

Mireia se echó a reír.

–¿Puedo preguntarte algo?

–Claro. ¿Para que están los abuelos si no?

–¿Recuerdas cómo conociste a la abuela?

–Como si fuera ayer.

–¿En serio?

–Que sí –cinceló una dulce sonrisa–. La vi pasar por delante de casa y me quedé boquiabierto. Iba con una minifalda... Era 1969, ¿sabes? Aquí todavía estábamos con la dictadura, pero el resto del mundo había cambiado. ¡Yo quería ser *hippy*! Pero trabajaba con traje y corbata. Una pena. Nos robaron tantas cosas... Tu abuela, con aquella minifalda, las piernas largas, un tipazo que tiraba de espaldas... Me dije que tenía que conocerla. Cuando lo conseguí, me dije que teníamos que ser novios, y cuando lo fuimos, ya no quedaba más que casarnos.

–Papá me contó que a él le pasó igual con mamá.

–Es que estas cosas..., cuando suceden, es como si estallara una bomba, ¿comprendes? Te dices: «Es ella». Y lo es. No hay vuelta de hoja.

–¿Pero cómo lo sabes?

–Lo sabes, ya está.

–Bueno, tenías veintidós años, claro. ¿No tuviste novias antes?

–¡Uy, novias! ¿Pero qué te crees tú que era aquello? Hoy cambiáis como si nada. Antes no sé si era más serio, pero la palabra «novio» o «novia» era ya algo definitivo. Yo me enamoré de una niña a los quince años, como todos. Me dio calabazas y me enamoré de otra.

¡Salimos dos años y ni nos dimos un beso! –levantó las manos al cielo–. ¡Dios, cada vez que lo recuerdo...!

–Cuando hablas así, me recuerdas a papá.

–Por algo es mi hijo.

Mireia apartó los ojos de él. Una pared del estudio estaba llena de discos, de los de antes, de vinilo, con sus fundas espectaculares, auténticas obras de arte. A ella le gustaba echarles una ojeada de vez en cuando.

–Me gustaría escuchar todos los discos que tienes –suspiró.

–Puedes hacerlo.

–¡Pero si tienes cientos!

–No sabes lo que te pierdes. ¡Aquello sí era música! Lo mejor de la historia del rock pasó entre 1969 y 1975.

¿Cuántas veces le había oído decir eso?

Y la emoción con la que hablaba...

Su abuelo le ponía canciones en cuanto podía. Cuando vieron *Bohemian Rhapsody*, su abuelo le hizo escuchar los discos de Queen y le habló de Freddie Mercury. Él los había visto en 1974, en su primera visita a España, a Barcelona, y después en 1986, en su última gira. Aún conservaba las entradas. Lo más divertido era cuando veía un anuncio en la tele y resultaba que la música era una canción histórica de alguna leyenda rockera.

Ahora era ella la que le hacía escuchar la música del momento.

¡Ya le encantaba Taylor Swift!

La abuela entró en aquel instante en la sala. Lo hizo como siempre, sonriendo de oreja a oreja.

–¿De qué habláis?

–De nuestras cosas –se hizo el misterioso él.

–¡Ah, pues mira! ¡Si molesto, me voy!

–Hablábamos del pasado –le explicó Mireia.

–¿No hay un tema mejor? –pareció preocuparse.

–Creo que nuestra nieta ha conocido a alguien y quiere saber cómo va eso –soltó de pronto su abuelo.

Mireia levantó las cejas.

–¡Pero qué dices!

–¿Has conocido a alguien? –preguntó la abuela.

–¡No! –le miró a él–. ¿Qué te hace pensar eso?

–Cuando una nieta o una hija pregunta cómo se enamoraron los abuelos o los padres...

–¿No puedo ser curiosa?

–¡Oh, sí, claro! –se burló él.

Mireia quiso estrangularlo. Lo habría hecho de no quererlo tanto. Era la persona con la que mejor podía hablar. Bueno, su padre al menos la apoyaba con lo del fútbol, pero su madre... El abuelo era su apoyo incondicional. Cuando empezó con lo del fútbol, fue el primero en decirle: «Sigue siempre a tu instinto. Haz caso de él. La razón está bien, y lo del sentido común, que te dirá que, si te tiras por una ventana, vas a matarte. Pero el instinto te dirá que a una piscina has de tirarte sin pensar en si habrá agua o no. La razón es un freno, la excusa de los cobardes. Si te la pegas, hazlo tú. Si fracasas, fracasa tú, no el que te ha dicho que hagas tal o cual cosa por seguridad. ¿Quién te dice que no puedes ser futbolista? Y, aunque solo sea por placer y para pasarlo bien, ¡hazlo!».

–No he conocido a ningún chico –mintió–. Pero a veces me sorprende que papá y mamá se enamorasen, porque mira que son diferentes, ¿eh?

Sus abuelos intercambiaron una mirada fugaz.

No dijeron nada.

Pero con su silencio lo decían todo.

24

Era un hombre como otro cualquiera.

O no.

Joven, informal, camisa desabrochada, barba recortada... y un escudo del Fútbol Club Barcelona en la solapa de la chaqueta.

Eso fue lo que le dio la primera pista.

—Hola, Mireia.

La conocía. Sabía quién era. Segunda pista.

—Hola.

—Soy Mariano Estruch —le tendió la mano—. ¿Te va bien que hablemos unos minutos?

—Sí, sí —dijo de manera casi entrecortada—. Hoy no puedo entrenar —levantó el brazo vendado.

—Pues entonces bien. ¿Nos sentamos aquí mismo?

Estaban en la pequeña grada de cemento del campo. Apenas tres escalones en el centro. En el terreno de juego, sus compañeras hacían ejercicios antes de mantener el partidillo de entreno en el que se ensayaban tácticas, lanzamientos de faltas, córneres, etc. Mariano Estruch llevaba un iPad en la mano. Lo dejó sobre sus rodillas.

—Soy del *staff* del Barça —se tocó el escudo de la solapa con un dedo—. Imagino que no habrás oído hablar de mí.

—No, no.

—Normal. Nosotros somos los discretos. En nuestro caso, sí hemos oído hablar de ti. Mucho y bien. Y hemos visto no pocos vídeos tuyos —tocó el iPad con la palma de la mano abierta.

Mireia tragó saliva.

¿Estaba sucediendo?

¿Iba a suceder?

–¿Me habéis grabado? –no podía creerlo.

–Bueno, primero están los informes. Y eran más que buenos. A partir de aquí, vienen los ojeadores y, si el resultado es concluyente, mandamos a alguien para que filme a la jugadora que nos interesa. Por supuesto, sin que ella lo note.

«La jugadora que nos interesa».

–Señor Estruch...

–Mariano.

–Vale, Mariano... ¿Me estás diciendo...?

–Venía a verte entrenar antes de hablar, pero bueno, eso es lo de menos. La respuesta a tu pregunta es: «Sí, nos interesas». Queremos que hagas una prueba para el Barça B.

Por suerte, estaba sentada, porque de haber estado de pie, se le habrían doblado las piernas.

Había soñado tantas veces con algo así que ahora que estaba sucediendo...

Intentó no llorar, para no parecer una cría.

Pero le costó mantener el equilibrio emocional.

–Gracias –musitó.

–¡No, no tienes que dar ningunas gracias! –sonrió el hombre–. Si no fueras buena, no estaría aquí. En esto no hay favores. O vales o no. Y, por supuesto, tendrás que ganártelo en el campo, aunque me parece que en tu caso, por todo lo que he visto de ti, no deberías ni siquiera ponerte nerviosa. Eres una centrocampista total, una mezcla de Aitana, Mariona, Alexia... Tienes visión de juego, intuición, colocación, un buen disparo. Si encima entrenas y juegas con las mejores, puedes llegar perfectamente al primer equipo.

Ya no tuvo fuerzas para hablar.

–Felicidades –dijo Mariano Estruch.

–Esto es... muy fuerte.

–Ahora facilítame un número de móvil, porque los datos deportivos ya los tengo. Te avisaremos para que realices las pruebas. De momento, tranquila, y cuando te recuperes de la lesión sigue jugando como hasta ahora. Ni te pongas nerviosa ni quieras hacer más de lo que ya hacías. No has de demostrar nada a nadie, no has de meter más goles. Lo importante ya lo has hecho: destacar. Ahora solo has de confiar en ti misma y en tus cualidades. Estoy seguro de que, en cuanto hagas esa prueba, estarás dentro.

El Barça B.

–¿Puedo contarlo? –quiso saber.

–¡Claro! No es ningún secreto. De hecho, tu entrenadora está al corriente. Estoy aquí porque ella nos ha dicho que vendrías. ¿Quién crees que nos mandó el primer informe?

Mireia buscó con los ojos a Sonia Llompart. Dirigía el entreno, pero la estaba mirando desde el terreno de juego. Ni se había dado cuenta, pendiente como estaba de las palabras del aparecido, de que acababa de empezar a cambiarle la vida.

–Venga, dame un número de teléfono. Ya hablaré con tus padres llegado el momento, y lo mismo hará Sonia –le pidió Mariano Estruch–. Yo te dejaré mi tarjeta, por si quieres consultarme algo cuando salgas del *shock* –y le guiñó un amigable ojo al decirlo.

Mireia pensó que decir que estaba en *shock* era poco.

25

Esperó a que todas hubieran entrado en los vestuarios, al acabar el entreno, para hablar con Sonia.

La mujer la estaba esperando.

–Sonia...

No pudo aguantar más. Se vino abajo. Se echó encima de ella y rompió a llorar. La entrenadora correspondió a su abrazo, estrechándola con cariño.

–Tranquila.

–Es que es... muy... fuerte...

–Todo llega. Te lo dije.

–Ya, pero...

–Has trabajado bien. Todo tiene su recompensa.

Sabía que no era cierto. Todas trabajaban bien. Su recompensa era mayor.

Un sueño hecho realidad.

–¡Van a hacerme una prueba!

–Sí, lo sé.

–¿Y si...?

Sonia Llompart la apartó de golpe. La sujetó por los brazos y casi la agitó de un lado a otro.

–¡Eh, no me vengas ahora con niñerías de «y si no lo consigo» o «y si no lo hago bien»! –la miró fijamente–. Vas a tener una oportunidad, y no vas a desperdiciarla. Solo has de hacer lo que sabes: jugar. Y no has de pretender demostrar nada que no hayas demostrado ya. ¿Qué te digo siempre cuando sales al campo?

–Que disfrute.

–¿Qué más?

–Que haga lo que sé hacer, nada más. Y, si consigo algo nuevo, pues mejor, pero que salga solo, que no lo fuerce.

–Pues eso.

–¡Pero es que es el Barça! –volvió a gritar.

–Tu equipo, tu sueño, donde juegan tus heroínas, sí. Y lo tienes entre ceja y ceja. ¡Perfecto! Pero, aunque no fuese el Barça, será otro, porque llevas el fútbol en la sangre. ¡Tienes diecisiete años!

–Vicky López ya jugaba en el primer equipo a esa edad.

–¡No me vengas con tonterías, Mireia, por Dios! –se enfadó Sonia Llompart–. ¡También Lamine Yamal, y Messi, Curbasí, Bojan o Ansu Fati! ¿Y qué? ¡No te fijes en esas cosas o te harás daño! ¡Cada cual tiene su ritmo, su momento! ¡Hay quien explota a los veinte y hay quien lo hace a los veinticinco! Lo único que has de hacer ahora es ponerte bien para jugar el próximo partido y que, cuando te vayas al Barça B, hayamos subido de categoría.

Mireia se calmó.

Estaba reaccionando como una cría. Peor aún, con una especie de ataque de nervios.

–Ese hombre me ha dicho que tenía informes –habló más calmada.

–Claro. ¿Crees que solo os entreno y me preocupa el resultado del último partido o cómo preparar el próximo?

–¿Tú avisaste a los del Barça?

–Es mi trabajo. Si veo algo que destaca, llamo a quien tenga que llamar.

–¿Y llamaste directamente a los del Barça?

–Primero a ellos, sí, principalmente porque sé que eres barcelonista, pero también porque ahora mismo es el mejor equipo del mundo y te mereces estar ahí. Si hubieras sido periquita, quizá habría avisado a los del Español, y si no al Badalona Women o al Levante Las Planas.

–Eres la mejor.

—No —le pasó una mano por la cabeza, como haría una madre—. La mejor eres tú, y lo vas a demostrar cuando te hagan esa prueba. Pero has de prometerme algo.

—¿Qué? Lo que sea.

—El día que marques tu primer gol en Primera División, me lo vas a dedicar, ¿vale?

Nuevo abrazo.

Más lágrimas.

Ahora quería entrar en el vestuario y gritarlo a los cuatro vientos, para darles también las gracias a ellas.

En eso consistía el fútbol: en ser un equipo.

26

Esperó hasta la hora de la cena, para que estuvieran los cuatro sentados a la mesa. Pensó en soltar la bomba mientras hablaban con Marc por videollamada, pero finalmente pensó que sería mucho lío. O miraba la pantalla, o los miraba a ellos. Y quería mirarlos a ellos. Sabía la reacción de Laia. Sabía la que tendría su padre. Pero en cuanto a su madre...

La cena era sin televisión. Órdenes de siempre. Y no porque todo fueran desgracias, guerras, niños muertos o consecuencias ambientales por el cambio climático. Se trataba de verse las caras y hablar.

Los días tenían veinticuatro horas y ellos cuatro vidas.

Lo anunció a los postres:

–Tengo una noticia.

Laia hizo una de sus temerarias bromas:

–¡Estás embarazada!

Mireia la fulminó con la mirada. Cualquier otra se habría sentido amilanada. Laia, no. Su padre también la miró con aire reprobatorio. En cambio, su madre poco menos que se lo tomó en serio.

–¡Ay, calla! –le espetó a su hija pequeña.

–¿Puedo hablar? –preguntó Mireia.

Todos callaron.

–Hoy ha venido a verme uno del *staff* del Barça –habló despacio, casi con suspense–. Tienen informes míos, vídeos y... Bueno, que van a hacerme una prueba para que ingrese en el Barça B.

A veces, las bombas tardaban en estallar.

Fue el caso.

Como era de esperar, Laia fue la primera en reaccionar, pegando un brinco en la mesa.

—¡Qué pasada! —gritó.

Ventura se emocionó. Tuvo que contraer el rostro, como conteniendo un primer atisbo de lágrimas.

—¿Eso es bueno? —preguntó, insegura, Damiana.

—Mamá, se han fijado en mí. Voy a jugar en el Barça.

—Eso si pasas esa prueba.

—¡Mamá!

—Damiana, mira que eres... —la reprendió su marido.

Laia, a lo suyo.

—¿Me presentarás a Lamine? ¿Sabes si tiene novia?

—Es el equipo femenino —le recordó Mireia—. Y, de momento, el Barça B.

—Estoy muy orgulloso, hija —alargó las manos para abrazarla.

—¿Pero qué parte de la palabra «prueba» no habéis entendido? —mantuvo su lado negativo Damiana—. ¿Y si no la pasa?

Mireia la miró con una fijeza y una intensidad desconocidas.

—Mamá, voy a pasar esa prueba y jugaré en el Barça B, y algún día lo haré en el primer equipo. Lo sé. Lo sé, ¿entiendes? —era contundente—. Comprendo que no te guste el fútbol, ni que lo practique, pero esto ya no va a cambiar, esto va en serio, así que cambia tú y adáptate, o lo pasarás mal, porque es mi sueño y es mi vida, y voy en camino de que se haga realidad.

Ventura y Laia la miraron.

—No, si yo me alegro —manifestó una acorralada Damiana—. Es solo que... No sé, ya lo dais todo por sentado, como si las cosas fuesen así de fáciles.

—No son fáciles, cariño —le dijo su marido—. Pero Mireia ha dado un primer paso de gigante con esa prueba que van a hacerle. Ahora hemos de apoyarla y confiar en ella. El día que la veas jugar y marcar un gol, o levantar un trofeo, se te caerá la baba, no digas que no.

Damiana forzó una sonrisa.

Lo estaba pasando mal, pero de pronto comprendía que su hija era feliz.

¿Qué más podía pedir una madre?

—Anda, ven —extendió también los brazos para que Mireia se levantase y la abrazase.

27

Quería decírselo a Pol en persona. Le apetecía verle la cara al hacerlo. Pero no le extrañó que la llamase él. A fin de cuentas, imaginó que Sandra ya se lo habría contado después de que ella lo anunciara a sus compañeras de equipo.

Cuando contestó a la llamada, escuchó la voz de Pol recitando despacio y de manera solemne:

–Cata Coll, Ona Batlle, Irene Paredes, Mapi León, Aitana Bonmatí, Alexia Putellas, Mireia Serrat, Patri Guijarro, Salma Paralluelo, Ewa Pajor, Caroline Graham Hansen...

El equipo del Barcelona con ella en la alineación.

Se echó a reír con ganas.

–¡Cómo te pasas!

–Pero queda bien, ¿no?

–¡Si me cogen, iré al Barça B!

–Solo para que te habitúes.

–Bueno, ya veo que tu hermana te lo ha contado –serenó su entusiasmo.

–Y muy emocionada, además. Dice que te lo mereces. ¿Cuándo vas a volver a jugar? Quiero verte.

–Este domingo ya estaré bien, seguro. ¿De veras vendrás?

–No me lo perdería por nada del mundo.

Nueva risa.

Se sentía feliz, como si los astros se estuviesen alineando.

–Pol.

–¿Qué?

–Es mi sueño desde niña.

–Me lo dijiste, sí. Y estás en el buen camino.

–No vas a salir corriendo, ¿verdad?

La pregunta pareció desconcertarlo.

–¿Yo? ¿Por qué tendría que salir corriendo?

–Aunque sea en el Barça B, están los viajes, los partidos en fin de semana, los entrenos, la disciplina... Es un mundo mágico para mí, pero para otros...

–Mira, te diré la verdad –puso voz grave–. En realidad, me fijé en ti para salir en la tele el día que te den el Balón de Oro.

–¡Pero quieres dejar de decir bobadas!

–Oye, tú tienes tus sueños y yo los míos, ¿vale?

Desde la noche de la fiesta, todo era distinto. Ni siquiera se comportaban como una pareja novata descubriéndose el uno al otro. Había una complicidad. Cuando la tocaba, se le erizaba el vello. Cuando lo tocaba, sentía electricidad. Y cada beso era el primero, una y otra vez. Ni siquiera habían hablado en serio. Ni siquiera sabían si tenían algo. Se dejaban llevar.

Aquella sensación de plenitud...

–¿Quedamos luego?

Tenía que estudiar. Tenía que estudiar. Tenía que estudiar.

–Bueno, pero solo un rato.

–Yo también tengo exámenes, tranquila.

–Entonces, hasta luego.

Cuando cortó la comunicación, recordó otra de las muchas frases de Taylor, esta de *Exile*: «Siempre caminamos por una línea muy delgada».

DOS
EL VÍDEO

28

Les habían marcado un gol en el primer minuto de juego.

Pilladas a contrapié.

–¡Concentraos! ¿Habéis salido dormidas? ¡Ahora, cabeza y calma! ¡No queráis marcar el segundo antes que el primero! –les había gritado Sonia Llompart.

El equipo rival era de los que jugaban a no jugar, bloque bajo, todas encerradas atrás esperando una oportunidad para salir al contragolpe. Con un gol a favor, acentuaron la táctica. A los quince minutos, ellas empezaron a desesperarse.

Y más a la media hora.

–¡Mireia, entre líneas, entre líneas! –oyó gritar a la entrenadora.

Entre líneas, sí, pero sin espacios...

–¡Asociaos Sandra, Elisabet y tú! ¡Triangulad!

Mireia intentaba concentrarse en el juego, no mirar a la banda. No quería verle la cara a Pol. Si porque estaba él jugaba acelerada, ¿qué haría el día de la prueba con el Fútbol Club Barcelona? Se dio cuenta de que, en realidad, aquella era su primera prueba de madurez. Reaparecía en el equipo después de tres semanas. Jugaban juntas, Elisabet y ella. El equipo rival estaba en la parte media baja de la tabla. En condiciones normales, y más jugando en casa, tenían que ganarlas bien, no por goleada, pero sí con un margen suficiente.

Minuto cuarenta.

Si llegaban al descanso con cero a uno, lo pasarían mal. Aparecerían los nervios.

Iban a lanzar un córner. Sandra se dirigió al lugar corriendo. Era la que tenía el mejor desplazamiento en largo, además de Mireia y de Elisabet. Pero ellas cubrían el frente del ataque del equipo, protegiendo además la retaguardia, en la que solo había quedado una defensa.

Sandra levantó una mano.

Córner corto, al primer palo.

Nada más botarlo, se produjeron los habituales rifirrafes y desmarques en el área. La pelota pasó por encima de las primeras cabezas y acabó siendo despejada por la central del equipo visitante.

Un perfecto globo.

Un perfecto globo que voló justo hasta la posición de Mireia.

Chutar a puerta desde allí era una temeridad, porque en el área había un bosque de piernas. Además, lo más seguro en aquellos casos era que la pelota saliera disparada hacia arriba y en cualquier dirección menos a portería. También dependía de su efecto, si giraba de adelante hacia atrás o de atrás hacia delante. Todo influía en el toque.

Lo más normal, pues, era controlarla y buscar un pase más efectivo.

La pelota caía, caía.

Fue cuestión de una fracción de segundo. Nadie la marcaba. Estaba sola. Ninguna rival pensaba que fuera a pegarle de volea. Mireia miró la pelota y vio que no giraba sobre sí misma. Le llegaba plana.

Y no lo dudó.

La volea fue impactante, seca. La pelota no salió en línea recta para esquivar el bosque de piernas, al contrario, subió un poco hacia arriba, por encima de las cabezas de todas ellas, y luego bajó súbitamente.

Violencia y habilidad.

Cuando se coló por la escuadra izquierda del marco contrario, hubo una explosión de alegría en el campo y entre el público. No solo era el empate antes de acabar la primera parte: era un golazo.

A Mireia la sepultaron entre todas cuando lograron atraparla, porque echó a correr como una loca.

Sabían lo que representaba ese gol.

Cuando regresaron al centro del campo, ahora sí, miró en dirección a Pol. El chico todavía daba saltos. Mireia levantó el brazo y apretó el puño en todo lo alto.

No hubo tiempo para más. En la media parte tocaba a rebato por parte de la entrenadora. Entraron en los vestuarios entre excitadas y felices por el gol, gritando, y se enfrentaron a los consejos tácticos de Sonia Llompart, que desde luego no estaba muy contenta con el juego practicado por su equipo. La charla fue breve pero intensa.

Volvieron al terreno de juego con una sola idea en mente: darle la vuelta al partido.

El segundo gol llegó a los nueve minutos y lo marcó Sandra, aunque de casualidad. Otro córner, una serie de rebotes en el área, y el pie de la más lista, que fue la hermana de Pol. De nuevo lo celebraron, porque eso significaba que las rivales ya no iban a jugar tan cerradas.

A pesar de todo, el gol de la tranquilidad no llegó hasta la media hora de la segunda parte. Y fue de penalti. No había una lanzadora fija, estaba entre tres, pero fue la delantera centro la que le pasó el balón a Mireia.

—Te toca —le dijo.

—¿Estás segura?

—Tienes que ir al Barça —le recordó—. Mete cuantos más goles mejor.

Mireia pensó que la gente no tenía ni idea del grado de compañerismo de las jugadoras de fútbol, lejos del egoísmo de la mayoría de los chicos, profesionales o no.

Puso el balón en el punto de penalti, dio tres pasos hacia atrás mirando a la portera, que daba saltos de un lado a otro, y luego los trazó a la inversa para colocar el balón en el ángulo superior izquierdo, el mismo por el que había entrado su volea de la primera parte.

Tres a uno y el partido finiquitado.

Por eso no se enfadó cuando Sonia Llompart la cambió después de marcar el gol, decidida a preservar la integridad de su brazo.

Mireia salió del campo entre aplausos, con la vista fija en el suelo.

29

All the pieces of me shattered
as the crowd was chanting: More!

(Todos los pedazos de mí se quebraron
mientras la multitud pedía: ¡Más!).

I Can Do It With a Broken Heart,
Taylor Swift & Jack Antonoff

Querida Taylor:
Hoy he vuelto a sentirme futbolista. Y no por marcar dos goles,
uno de ellos de ensueño, sino por el simple hecho de jugar. En el
fondo, es todo lo que me importa: jugar. Puedo ser una de las mejores
en mi equipo, pero soy consciente de que, si me cogen en el Barça B,
seré una más. ¿Y qué? Lo único que quiero es eso. Ya sabes mi lema:
«Si Taylor pudo, ¿por qué yo no?».
Quiero dejar al equipo en el siguiente nivel. Ese es ahora mi com-
promiso. En Estados Unidos, el fútbol no es tan popular como el béis-
bol o el rugby, a pesar de que desde que Messi juega en vuestra
liga, ha ganado muchos enteros. En España, la cosa está montada
de la siguiente forma: hay una Primera División, que es profesional,
con 16 equipos. Luego viene la Primera Federación, con 14 equipos;
la Segunda Federación, con dos grupos de 16 equipos cada uno, y la
Tercera Federación, hasta 2023 llamada Primera Nacional, formada
por seis grupos con 16 equipos por grupo. Todas estas divisiones son
semiprofesionales. Finalmente llegamos a la base, el fútbol amateur,
compuesto por 19 divisiones autonómicas con sus diversas categorías
territoriales, que se creó en 2019. Yo estoy en este último escalafón.
Y, pese a todo, he conseguido destacar. Sé que habrá mucha diferen-

cia entre jugar en este nivel o hacerlo en el segundo equipo del Barça, pero estoy dispuesta a darlo todo y aprender.

Estoy ansiosa por saber algo de tu nueva canción. Y ese misterio del rodaje del videoclip en el extranjero. Imagino que volarás a algún lugar exótico, porque, si lo haces fuera de Estados Unidos, será por algo. ¿Las cataratas del Iguazú, Petra, las pirámides de Egipto, el Machu Picchu? Bueno, menciono estos lugares porque son algunos de los viajes que quiero hacer cuando pueda. Son parte de mis sueños. ¿Y los tuyos? Cuando ya se ha conseguido todo antes de llegar a la mitad de la vida, ¿qué queda? No sabes lo difícil que se me hace responder a una pregunta como esta. Ahora, además, estoy enamorada.

E-na-mo-ra-da.

Y esta vez va en serio. No es un juego. Creo que he madurado más en este último año que en toda mi vida. Aún siento desconcierto, claro. No voy a negarlo. Pero me están pasando muchas cosas como para ignorarlo. ¿Seré tan fuerte como para resistirlo? Ni idea. Tú tienes la suerte de exteriorizar lo que sientes a través de las canciones. Lo exorcizas. Mi única liberación, y es momentánea, es salir a jugar un partido, porque entonces me olvido de todo, estoy cien por cien conectada con lo que hago. Si encima marco un gol, el subidón ya es total. ¿Qué sientes tú al ver una canción en el número uno de las listas de éxitos? ¿Piensas: «Soy la mejor»?

Ser la mejor en algo es bastante ambiguo. Lo eres hoy, mañana ya no. Tú sabes que al número uno de hoy le seguirá el de otro artista mañana.

Bueno, como siempre que te escribo sin más, ya estoy divagando. La única que sabe que te escribo estas cartas es Anna, y eso que nunca se las he dejado leer, porque son privadas. Ayer me dijo que, dentro de unos años, igual tienen un valor y debería publicarlas en forma de libro. Yo creo que me moriría de vergüenza. Pero bueno, la simple expresión «dentro de unos años» ya asusta. Pasado, presente, futuro son conceptos abstractos.

Me viene a la cabeza otra de tus frases memorables. La cantas en All Too Well y dice: «Me hablaste de tu pasado creyendo que yo era *tu futuro». ¿No es lo que hace alguien que quiere conquistar a una persona, contarle quién es?*

Mañana tengo cita con mi tutora. Es esa clase de cosas a las que tengo pánico. Te juro que me esfuerzo, que trato de concentrarme en los estudios, que sé lo que me estoy jugando, pero no siempre siento que tengo la cabeza en mi sitio.

Cuídate. Espero noticias de la nueva canción. La necesito.

30

La señora Beatriz era una mujer seria. Cincuenta y muchos años, toda la vida en la docencia, alta y elegante, gafas, cabello corto y poco maquillaje. Vestía con la elegancia de las que han cultivado la clase sin necesidad de hacer ostentación del dinero. Su único adorno era un broche de diseño en la parte izquierda de la blusa. Sentada detrás de la mesa de su despacho, imponía todavía más. El ordenador lo tenía a la derecha, pero lo que manejaba eran papeles impresos. Sus manos eran delicadas, con las uñas perfectas pintadas del color de la carne.

Mireia, sentada delante de ella, era una estatua.

Como el reo que aguarda el veredicto.

–Bien, bien, bien... –dijo la tutora.

Sin embargo, el tono era más de «mal, mal, mal».

Mireia tragó saliva.

–¿Qué te pasa? –le preguntó la mujer finalmente.

–No sé –dijo por decir algo–. Nada.

–Algo te sucede cuando tus notas han bajado tanto.

–¿Tanto?

–Tanto, sí. Es evidente. Y preocupante.

–Pues... no sé.

–¿Problemas en casa, te has despistado con alguna relación sentimental? –mencionó la tutora–. Suele ser lo más habitual.

Mireia se puso un poco roja.

Intentó que no se le notara.

–No, no. Pero... ¿he suspendido?

–No, a tanto no llegas, pero es un bajón evidente que no te ayuda de cara a la selectividad –mantuvo la vieja denominación–.

Si vas con un promedio bajo, dependiendo de lo que hagas en esos exámenes, no podrás elegir la carrera que quieras. Y eso es malo. Quienes se conforman con otra carrera, sin poder acceder a la que soñaban, lo pagan en el futuro con insatisfacción, decepción, frustación...

–Ni siquiera tengo claro qué estudiar –suspiró.

–¿Vas a ser sincera conmigo?

Le sorprendió la pregunta, y el cambio de tono.

–Sí, claro.

–Me han dicho que juegas muy bien al fútbol.

Las noticias volaban.

–Sí.

–¿Es importante para ti?

–Sí.

–¿Hasta qué punto?

–Van a hacerme una prueba en... el Fútbol Club Barcelona.

Logró hacerle arquear una ceja.

–¿Hasta ese punto eres buena?

–Creo que sí –se lanzó a tumba abierta–. En realidad, mi sueño es llegar a ser profesional.

No la impresionó demasiado, pero sí mantuvo el punto de sorpresa.

–¿Y vas a fiarlo todo a ese sueño?

–Sé que lo voy a conseguir –afirmó.

–De acuerdo –la señora Beatriz abrió y cerró las manos mientras se echaba hacia atrás para apoyarse en el respaldo de la silla–. Supongamos que lo seas: profesional. En el Barcelona o en otro equipo. Sabes que, más allá de los treinta, esto suele acabarse, ¿no?

–Si te cuidas y no tienes lesiones graves, puedes durar más.

–Da igual. A los treinta y cinco. Para muchas, esto es el comienzo de la vida. Final de una actividad deportiva, pero el inicio de la verdad. Ahora voy a ser mala, haré de abogado del diablo: ¿esperas haber ganado mucho dinero para entonces?

–Ni idea. No pienso en el dinero.

–Bien. Más abogado del diablo: ¿sabes cuántas llegan no ya a lo más alto, sino siquiera a destacar?

–¿Por qué no puedo ser yo una de ellas?

–Bien dicho. Crees en ti. Pero ahora dime: ¿piensas que, sin cultura, por mucho dinero que ganes, esa clase de éxito lo es todo en la vida?

–No sé. Nunca lo he pensado.

–Deberías hacerlo. Mi marido es futbolero, así que, aunque no lo quiera, escucho lo que sucede en los partidos y las declaraciones de los jugadores antes o, sobre todo, después de ellos. Mireia, dan pena. El nivel cultural que muestran es tan ínfimo... Podrías poner las mismas declaraciones en todos los partidos, son repetitivas: «Sabíamos que era un campo difícil», «Queda mucha liga»... Aunque jueguen contra el último clasificado, aseguran que ellos tienen un muy buen equipo, presionan, salen a la contra... Y lo peor: el lenguaje. De cada veinte palabras, repiten siete veces «la verdad es que». Luego están las retahílas «bueno...», «pues», y una larga serie de perlas y frases hechas. No es culpa suya, la mayoría no han estudiado. Pero dan pena. ¡Eso habiendo ganado millones! En el fútbol femenino sabes que no es así –se enervó un poco más–. Juega al fútbol todo lo que quieras, pero fórmate, estudia, ten cultura y una salida para después. ¡No dejes que ese árbol te tape el bosque que hay detrás, porque ese bosque es la vida!

Nunca la había oído hablar tanto ni la había visto tan enfadada.

Y entendió la razón.

Se preocupaba por ella.

–Le prometo que me esforzaré –consiguió hablar Mireia.

–Te queda muy poco para la selectividad. Con esforzarte no bastará –volvió a acodarse en la mesa–. Tienes potencial. Tu nivel intelectual es alto. Potencial y condiciones. Sé que piensas en tu hermano Marc. Olvídalo. Sabes que yo le tuve aquí. Tú eres tú. En estas últimas semanas te juegas más de lo que imaginas. Espero que esta charla te haya servido de algo.

–Sí, en serio. Gracias.

Hubo una ligera pausa.

Luego, una sonrisa por parte de la tutora.

–¿De qué juegas?

–De mediocentro.

–¿Como Xavi, Iniesta...?

–Más bien como Aitana o Alexia. Suelo marcar muchos goles.

–Claro –sonrió aún más–. No olvides lo que te acabo de decir. Espero verlo en tus notas finales. ¿Ya lees?

Consiguió mentir sin que se le notase:

–Sí, aunque ahora, con tanto examen...

–Lee. A veces es más importante que estudiar. Lo que se estudia se olvida; lo que se lee, no, nunca. Estamos hechos de palabras y sueños. Tu sueño es ser futbolista, pero las palabras son lo que nos define, y las palabras están en los libros.

–Gracias –volvió a decir.

Salió del despacho con el corazón en un puño. Bajón. Y bajón fuerte. La señora Beatriz tenía razón en mostrarse inquieta. Todo el trimestre había estado despistada: la lesión, romper con Adam, conocer a Pol y sentir mariposas en el estómago, la llamada del Barça...

Tenía que ponerse las pilas.

Pero ¿cómo se endereza un barco que de pronto va a la deriva por un mar en tempestad?

31

Ya no se trataba solo de besarse.

Sino de cómo se besaban.

Aquellos largos minutos unidos el uno al otro.

De pronto eran oleadas de calor, de deseo. Sí, la palabra era «deseo», y lo sentía tan adentro que la asustaba, le preocupaba mucho. A veces, su abuela le decía: «No pierdas nunca la cabeza». Y ella le contestaba que eso no sucedería. Su abuela, entonces, agregaba: «Eso no lo sabes. Te encontrarás en momentos en que, si te dejas llevar por lo que sientes, perderás el control. A todos nos ha pasado».

Estaba perdiendo el control.

Las manos de Pol ya no la abrazaban, más bien la estrujaban y la apretaban contra su cuerpo, como si quisiera fundirse con el de ella. Mireia le acariciaba la nuca, le hundía los dedos en la cintura. Pol extendía las dos manos por la espalda. Las respiraciones se acompasaban un rato, hasta volverse a agitar al poco. Cuando no temblaba una, lo hacía el otro.

Temblar, estremecerse.

Mireia logró separarse unos centímetros. Quería mirarlo, verle la cara. Los ojos de Pol eran dos lagos oscuros rebosantes de amor. Y en el fondo era un espejo, porque cada uno se reflejaba en el otro. Mireia movió la mano derecha para tocarle la mejilla. Con el pulgar rozó la comisura de los labios.

Tan tiernos...

–Pol.

–¿Sí?

–Creo que...

–¿Qué? –susurró él al ver que se detenía.

–No, nada.

–Va, dime. Has estado tensa desde que te he recogido.

–He caído mucho en los estudios.

–Vaya.

–Me han dado un toque de atención. Y con la selectividad tan cerca...

–Pero podrás con ello, ¿verdad?

–No lo sé.

–¿Desde cuándo eres una chica insegura?

–Puede que lo haya sido siempre y que haya sabido disimular. No todo el mundo puede ser un cerebrito como tú.

–Yo no soy un cerebrito.

–¡Oh, sí lo eres! –movió la cabeza con fingida vehemencia–. Por lo que me has contado y viendo tus notas...

–Se me da bien estudiar, eso es todo. Y hago lo que me gusta. Tú has de compaginar los estudios con tu carrera de futbolista.

–Caray, «carrera».

–Si te aceptan en el Barça, será así.

Iba a decir «¿y si no me aceptan?», pero prefirió callar, para no sonar derrotista ni dar a entender que necesitaba bonitas palabras de ánimo.

–Pero no son solo las notas –dijo Pol.

–¿Qué más puede haber?

–Nada más llegar, te has metido en el coche y me has mirado de una forma... Luego, temblabas al abrazarme.

–Tú también.

–Sé cuándo tiemblas por una razón o por otra.

–Pues sí que me conoces llevando tan poco...

–Calla –le tapó la boca con un beso rápido–. ¿Qué te pasa? Sé que tiene que ver conmigo.

Mireia se sintió vencida.

¿Tan transparente resultaba?

–Es solo...

–Va, ¿qué?

–Es solo que no quiero correr, ¿vale? –lo soltó de una vez, aunque con mucho miedo–. Necesito ir despacio, ir quemando etapas, saborear cada momento...

–Estoy de acuerdo –asintió Pol.

–¿Ah, sí?

–Pues claro –se apartó un poco más de ella, acomodándose de nuevo en el asiento del coche–. Los dos vivimos ahora mismo en el asombro y el arrebato. Lo que nos pasa es lo más grande... Bueno, no sé. Yo nunca había vivido algo así antes.

–Ni yo.

–Pues ya está. No podemos detener un Porsche en seco, pero tampoco dejarlo ir a doscientos por la autopista.

–Pones unos ejemplos bien curiosos –le dio por sonreír a Mireia.

–Te quiero.

La invadió una oleada de calor.

–Y yo a ti.

–Entonces, todo está bien.

–Quiero que sepas una cosa.

–Adelante.

–No lo he hecho con nadie, y no quiero saber si tú lo has hecho o no. Es tu vida y tu pasado no me interesa. Solo el presente y el futuro. Quiero ir despacio porque es lo que me dice no solo la mente, sino el corazón. Sé que todo tendrá un momento y que, cuando llegue, lo sabremos los dos. Me da miedo precipitarme y... Bueno, eso es todo.

–Mireia –le tocó el turno de acariciarla a ella–. Estoy de acuerdo –lo dijo con mucha delicadeza–. En ningún momento se me ha ocurrido que ya fuésemos a acostarnos juntos.

A Mireia se le pasó por la cabeza la palabra «respeto».

Por ella supo que podía confiar en él.

Incluso le gustó que dijera «acostarnos juntos» en lugar de «hacer el amor».

—Gracias —musitó.

—No seas tonta. Y ahora, vete.

—¿Me echas?

—Venga, a estudiar.

—Antipático.

—No pienso estar con una chica en el paro.

—Voy a entrar en el Barça —le dijo con firmeza—. Más te vale a ti ser economista, para llevar mis asuntos cuando sea superfamosa.

Lo dijo tan seria y convencida que Pol levantó las manos en señal de rendición. Luego, abrió la puerta del coche, lo rodeó por delante y le abrió la del lado de ella. Le hizo una reverencia para que bajase. Estaban en la esquina de la calle, fuera de la visual del piso de Mireia.

El último beso, rápido.

Y entonces... lo inesperado.

—¿Me has dejado por... este?

El grito los sobresaltó.

Pol no conocía a Adam.

Mireia sí. Iba bebido, con la cara desencajada y como si se hubiese vestido a toda prisa. Adam estaba a un par de metros, con los puños apretados.

Mireia no sintió rabia, sintió lástima.

—Adam, no —le previno.

—¿Es porque es mayor y tiene coche? ¿Tan bajo has caído?

—¿Quieres irte a casa y no hacer el ridículo?

—¿Ya lo habéis hecho?

—¡Adam!

—¡Sí, seguro que habéis follado! Es todo lo que quieres de ella, ¿verdad, cabronazo?

Intentó dar un paso, quizá para agredirle, pero se tambaleó y tropezó. Mireia nunca le había visto borracho. Era una imagen insólita. Adam se sostuvo a duras penas.

Pol no decía nada.

Lo hizo Mireia.

−Pol, vete, por favor.

−No voy a dejarte con ese...

−Vete −lo dijo categórica−. Es mi problema. Tal y como está, lo mejor es que le calme. Llamaré a su hermana para que venga a buscarle.

−¿Estás segura?

−Pol...

−De acuerdo, de acuerdo −retrocedió.

−¡¿Te vas?! −gritó Adam, todavía buscando la vertical−. ¡Ven aquí si tienes huevos! ¿Crees que me das miedo? ¡Todos sois iguales! ¡Espera! ¡Eh!

Pol ya estaba dentro del coche. Arrancó. Adam se quedó desilusionado. También desconcertado. Su vidriosa mirada intentó centrarse en la realidad. El coche se alejó de la esquina.

−¡Cobarde! −gritó Adam.

−Ven, siéntate −Mireia le señaló el bordillo mientras sacaba el móvil para llamar a la hermana de su ex.

Ex.

Nunca dos letras habían tenido más sentido.

32

Primero telefoneó a Anna.

–Vaya, la desaparecida –le endilgó como salutación su amiga.

–No seas mala, va –se excusó Mireia.

–¿Qué tal en tu nube?

–Bien, flotando.

–Me alegro, en serio –dulcificó el tono.

–Aunque esta tarde le he dicho que no vayamos muy rápido.

–¡Qué valor tienes!

–Lo ha entendido.

–Así perdí yo a Juan.

–No es lo mismo. Juan es de una forma y Pol de otra. Ahí sí se nota la diferencia de edad. Creo que Pol va en serio.

–Lleváis muy poco.

–Pero lo noto. Y él lo nota conmigo. Sé que todo llegará a su tiempo. Oye –no quiso seguir hablando de Pol–, ¿has visto a Adam, le llamaste, has salido con él...?

–No. Bueno, le vi, sí, pero... –hubo un leve momento de vacilación–. Comprendí que era una idiotez, que igual salía conmigo para hacerte daño a través de mí, o me utilizaba, o... qué sé yo. Me di cuenta a tiempo. Una cosa es que te guste un chico y otra que seas idiota. Y ya solo me faltaría ser idiota. ¿Por qué lo preguntas?

–Acaba de aparecer en mi calle, cuando nos estábamos despidiendo Pol y yo, completamente borracho.

–¿Borracho?

–Como lo oyes.

–¡No puedo creerlo!

—Te juro que ha sido una escena de película barata, y de lo más desagradable. No sabía dónde meterme, aunque creo que he estado a la altura.

—¿Le habías hablado a Pol de Adam, o le ha pillado por sorpresa?

—No. Le había contado que había salido con él y que no había pasado nada, por supuesto.

—¿Y qué ha hecho Adam?

—Estaba muy violento y fuera de sí. Ha insultado a Pol y ha intentado agredirle, pero apenas se aguantaba en pie.

—¿Adam, violento? —la interrumpió.

—Ya te digo que estaba bebido. Le he pedido a Pol que se marchase, para controlar la situación, y, cuando lo ha hecho, he llamado a la hermana de Adam para que viniera a por él. Nos hemos sentado en el bordillo a esperarla.

—¡Jo, qué fuerte! ¡Y menos mal que Pol te ha hecho caso!

—Ha entendido que era lo mejor. Una vez solos, Adam ha vomitado; luego, se ha echado a llorar pidiéndome perdón y diciendo tonterías, y finalmente se ha calmado. Para cuando ha llegado su hermana con el coche, ya estaba tranquilo. Entre unas cosas y otras, fíjate en la hora que es. Y quería estudiar, ¡ay, Dios! Después del sermón de mi tutora...

Tuvo que contárselo antes de despedirse de ella, pero solo a grandes rasgos. No quería seguir hablando de Adam. La había llamado únicamente para saber si veía a su ex. Nada más.

Ahora tocaba Pol.

Marcó el número en el móvil y, mientras sonaba, miró la hora. El zumbido al otro lado sonó tres veces.

—Dime —escuchó finalmente la voz de Pol.

—¿Te pillo mal?

—No, para nada. Iba a llamarte yo si no lo hacías tú. Cuenta, va. ¿Estás bien?

—Sí, sí, ha sido desagradable, nada más. Soy yo la que quiere saber si estás bien tú.

—Me ha sabido mal dejarte sola.

–Era lo mejor, y me alegra que lo comprendieras. En cuanto te has ido, ha vomitado, se ha echado a llorar pidiéndome perdón y luego hemos esperado a que su hermana viniera a buscarlo con el coche. Total, una pataleta. Patética, pero pataleta al fin y al cabo.

–Muy inmaduro.

–Sí.

–Me dijiste que habías estado saliendo con un chico, así que debe de ser él.

–Adam, sí.

–¿Te gustaba?

–Pol...

–Perdona.

–No, claro que me gustaba, al comienzo. Pero no fue nada. Nada si lo comparamos... –prefirió no expresarlo en voz alta. No hacía falta–. A veces cometemos errores, ¿no? Primero crees una cosa; luego, abres los ojos y te das cuenta de que no es lo que esperabas, reaccionas... Ya te conté lo de Anna. El novio la engañó y se lo montó con una amiga. Supongo que esas cosas pasan, y más a nuestra edad –se arrepintió de haberlo dicho al momento. «Nuestra edad» implicaba que entre los quince y los dieciocho se era inmaduro–. Bueno, mira, no sé. Ha sucedido y ya está. Te pido perdón por ello.

–No seas tonta, no ha sido culpa tuya.

–Si llega a agredirte, habrías tenido que defenderte.

–¿Crees que le habría hecho daño?

–No, ya sé que no.

–¿Ha pasado todo?

–Sí, estoy en casa, y más tranquila ahora que hablo contigo.

–Pues ya está. ¿No ibas a estudiar?

–Después de esta escena de película barata –repitió lo que le había dicho a Anna–, no sé si podré concentrarme. Ahora mismo no sé si siento más rabia que pena.

–Mireia.

–¿Qué?

–Respira.

–Lo hago.

–No, quiero oírlo.

Respiró profundamente, haciendo que se escuchase a través de la línea.

–¿Mejor? –quiso saber Pol.

–Lo que me calma es tu voz.

–Pues corta y te grabaré más tarde un audio para que me escuches cuando te vayas a dormir. ¿Te vale?

–Sí.

–Venga, chao. Te quiero.

–Te quiero.

Un minuto después de cortar, Mireia seguía con el móvil en la mano, mirando absorta aquella pantalla.

33

La noticia corría por internet: «*Taylor Swift's new song will be titled Soccer. It has been recorded in the utmost secrecy, and the video is still being filmed, and is guaranteed to be spectacular. The release was delayed due to Taylor's recent cold, which prevented her from traveling for filming*».

La traducción: «La nueva canción de Taylor Swift llevará el título de *Soccer*. Ha sido grabada en el mayor de los secretos y se está a la espera de la filmación del videoclip, que promete ser espectacular. El lanzamiento se ha tenido que demorar por el reciente resfriado de Taylor, que le ha impedido viajar para la filmación».

−*Soccer!* −gritó Mireia.

Eso era «fútbol» en inglés, aunque para los americanos el fútbol fuese el rugby.

¿Taylor iba a cantarle al fútbol?

No podía creerlo.

Buscó más noticias, pero apenas había referencias. El nombre de la canción y poco más. Se tenía la idea de hacer una filmación de tres días en un lugar no determinado, y montar el vídeo a toda prisa para lanzar la canción de inmediato. Pero, ciertamente, ella había estado enferma, había cancelado incluso algunos actos, y eso había trastocado su agenda por completo. Volver a encontrar tres días libres, más los viajes, no debía de ser fácil.

Y eso que no estaba de gira.

−*Soccer*... −suspiró Mireia.

El novio de Taylor jugaba al rugby.

Bueno, tocaba esperar.

Volvió a concentrarse en los estudios. Llevaba tres días sin ver a Pol. Era mucho tiempo. Prueba de que se tomaba en serio lo de sacar unas notas decentes para enfrentarse a la selectividad con mejores expectativas. Lo único que la apartaba de los libros era el entreno para afrontar la recta final de la temporada y lograr el ascenso. Estaba jugando mejor que nunca. Tenía hambre, como si la lesión del brazo le hubiese hecho comprender lo que se perdía cuando no jugaba.

Al sonar el móvil, gimió de impotencia.

Lo cogió y miró la pantalla.

Era la madre de Anna.

Mireia frunció el ceño.

¿Por qué...?

Descolgó y se llevó el aparato a la oreja, sin ponerlo en altavoz. No quería que sus padres la oyeran hablar.

–¿Sí? –susurró.

Al otro lado, un suspiro ahogado.

Casi un llanto.

–¿Mireia?

–Sí, señora Luisa, ¿qué pasa? –empezó a alarmarse.

–Es Anna, cariño –el tono acabó de quebrarse–. Está en el hospital... Hemos tenido que... ingresarla porque... ¡Oh, Mireia!

Por un momento, Mireia supo lo que era sentir el frío helado de la muerte.

34

Había estado en un hospital tres veces. Una operación del abuelo, una pequeña intervención de su padre, y con una amiga que sufrió un accidente cuando tenían catorce años. Las tres sin la sensación de hecatombe.

Ahora era distinto.

Anna tenía su edad, y la situación era grave.

Según su madre, se había desmayado en casa. Y suerte que estaban ellos. Escucharon el golpe. El diagnóstico médico era rotundo: anorexia.

Anna llevaba siempre ropa holgada con mangas largas para que no se apreciara su delgadez. Apenas comía y, por lo visto, vomitaba lo poco que ingería. Ni siquiera Mireia lo sabía.

¿Su amiga no confiaba en ella?

No, claro. Mireia no la habría dejado llegar a ese extremo.

Subió en el ascensor. La habitación era la 512. Salió por el pasillo y no tuvo que andar mucho. Los padres estaban en la puerta. Le había dicho a la madre que iba para allá.

La señora Luisa la abrazó llorando.

–¡Ay, Mireia, Mireia...!

En cambio, el rostro del señor Eduardo, el padre de Anna, era una máscara.

–¿Tú sabías algo? –la increpó cuando la mujer dejó de abrazarla.

–¿Yo? –se sintió muy violenta–. No, no lo sabía.

–¡Eres su mejor amiga!

–¡Pero no lo sabía! –estuvo a punto de echarse a llorar, tan asustada como impresionada por el tono–. ¿Cree que la habría dejado llegar a ese extremo?

Luego se mordió la lengua para no gritarle: «¿Y ustedes qué? Es su hija. ¿Es que no la ven todos los días, mucho más que yo?».

No era el momento ni el lugar para discutir. Evidentemente, llevaban el susto en el cuerpo. Los nervios, a flor de piel.

–¿Puedo verla? –preguntó rompiendo el inesperado silencio.

–Claro, claro, pasa. Está despierta –se apartó la mujer.

Mireia pasó por entre los dos. De refilón, vio cómo la señora Luisa reprendía a su marido con los ojos, alzando las cejas. Ya no se detuvo. Entró en la habitación y lo que vio le atravesó la razón. De pronto, Anna no era Anna, sino más bien una sombra. Estaba blanca, pálida, con las facciones muy marcadas, como si en unos días que hacía que no la veía hubiese perdido diez kilos o más. Tenía los ojos hundidos, los pómulos salidos, la mirada vacía. Un gota a gota la alimentaba a través de la aguja insertada en su brazo izquierdo.

Mireia se detuvo a su lado.

Se encontró con su mirada.

–¿Estás bien? –preguntó por decir algo.

–¿Tú qué crees? –se atrevió a sonreírle Anna.

–Sí, estás de puta pena –decidió ser firme, porque la condescendencia no servía ya para nada.

–Caray...

¿Qué se le decía a una persona enferma? ¿Y qué a alguien capaz de dejarse enfermar y hasta morir por no comer?

Era un sinsentido.

Mireia le cogió la mano. Luego, se sentó en el borde de la cama. Los padres de Anna las estaban dejando solas para que pudieran hablar, lo cual era de agradecer.

–¿Qué ha pasado?

–No lo sé.

–Sí lo sabes. ¿Cuánto hace que dura esto?

–Es que no tenía hambre.

–Ya.

–¡De verdad!

—Si te mueres, lo único que haces es que los Juanes y los Adams ganen. Y no lo merecen. Nosotras deberíamos estar por encima de todo eso. Se supone que somos más listas.

—No, somos más tontas. Tenemos emociones que a ellos les faltan.

Mireia pensó en Pol.

Él era emotivo.

—Hablas de fragilidad —reflexionó Mireia.

—Tú eres fuerte. Siempre lo has sido. Por eso eres una ganadora.

—¿Y tú no?

—No sé —se encogió de hombros—. Ahora mismo me siento tan débil que no... —dejó la frase sin acabar.

—Anna...

—¿Qué?

—¿Quieres morirte?

—¡No!

—Pues no lo entiendo.

—¡Esto ha sido un accidente! ¡No volverá a pasar!

—Así que, en cuanto salgas de aquí, te irás a comer una hamburguesa doble con lechuga, queso, beicon y bañada en kétchup.

—Mostaza. A mí me gusta la mostaza.

—¿Te la comerás?

—Tanto como doble...

—Yo voy contigo.

—Vale —forzó una sonrisa.

—Hablo en serio.

—¡Que sí!

—Júramelo.

—Te-lo-ju-ro —lo deletreó paciente.

—Vale —Mireia asintió—. Voy a decirles que ya estás bien y que te den el alta.

Logró hacerla reír.

Después de todo, ¿había algo mejor para recuperarse que una buena risa?

–Siento haberte asustado –musitó Anna.

–Es culpa mía.

–¿Tuya?

–Te he dejado muy sola, sobre todo después del palo de Juan. Tenía que haberme imaginado esto –miró el gota a gota–. He estado demasiado absorbida por los estudios, el fútbol...

–Pol...

–Sí, también.

–Es lo que pasa cuando una tiene novio.

–No somos novios.

–¡Anda ya! ¿A quién quieres engañar? Si vosotros no sois novios, con lo fuerte que os ha dado...

«Lo fuerte que os ha dado».

Eso era cierto.

Y asustaba.

–¿Te ha dicho el médico cuándo saldrás?

–Acabo de llegar. No sé. Imagino que cuando me vean fuerte. Mireia...

–¿Qué?

–He tenido miedo, ¿sabes? –tragó saliva y contrajo la cara–. De pronto me he dado cuenta de... Quiero ponerme bien.

–Es el primer paso. Reconocer que una está mal.

–Lo sé.

–Te lo repito: esta vez no te dejaré sola. Si hace falta, vendrás con Pol y conmigo.

–¿Los tres?

–Eres demasiado especial para estar sola mucho tiempo. Solo espero que no te arrimes al primero que te guiñe un ojo.

–Vale.

Por detrás de Mireia hubo movimiento. Lo vio en los ojos de Anna. Volvió la cabeza y se encontró con la señora Luisa, la madre. Sonreía con la angustia de los que lo están pasando mal. O con la angustia de cualquier madre con una hija ingresada en un hospital. Mireia se alegró de que el señor Eduardo se hubiera quedado fuera.

—¿Todo bien? —preguntó la mujer.

—Va a estarlo, descuide —le aseguró Mireia.

—Gracias por venir, hija. ¿Qué tal todo?

—Bien, bien. Agobiada por los estudios, y el fútbol, pero bien.

—Tienes buen aspecto —manifestó.

—Bueno, el trasplante de hígado y de corazón fue bien —quiso bromear.

La mujer parpadeó.

—¿Que qué? —dijo, insegura, antes de que Anna se riera demostrándole que era una broma.

35

I have this thing where I get older
but just never wiser
Midnights become my afternoons
When my depression
works the graveyard shift.

(Me pasa eso de que me hago mayor,
pero nunca me hago más sabia.
Las madrugadas son como mis tardes
cuando mi depresión
decide trabajar en el turno nocturno).

Anti-Hero,
Taylor Swift & Jack Antonoff

Querida Taylor:
Cuando publicaste Anti-Hero, *hiciste unas declaraciones que me*
impactaron mucho. Las anoté en una libreta: «Creo que nunca antes
había ahondado tanto en mis inseguridades. Lidio a menudo con la
idea de que mi vida ha alcanzado una magnitud que resulta inma-
nejable, y no quiero parecer demasiado pesimista, pero lo cierto es
que lucho contra el hecho de no sentirme como una persona normal
y corriente. Por eso esta canción es como un recorrido guiado por to-
das estas cosas que tiendo a odiar de mí misma. Todos tenemos algo
que odiamos de nosotros mismos. Y son todas estas cosas que nos
gustan y nos disgustan de nosotros mismos las que tenemos que
aceptar si queremos seguir siendo quienes somos».
Brutal.

Hoy he visto a mi mejor amiga en el hospital, no sé si al borde de la muerte, pero en camino. Y sé que hemos de ser fuertes, ella para superar su depresión y yo para ayudarla. Si le hubiera pasado algo, me habría sentido culpable. A veces nuestra felicidad nos aísla, nos sumerge en una burbuja, ni siquiera somos conscientes de ello, y por eso perdemos la constancia de otras cosas, la perspectiva de la realidad. Lucho por mi sueño de ser futbolista, tengo una cita con el destino, me he enamorado, y mi mejor amiga ha estado ahí, sola, probablemente gritando en silencio, y yo no la he escuchado.

En All Too Well *dices: «Soy un soldado que regresa con la mitad de su peso». Así estaba Anna.*

Tú tuviste problemas con tu peso, ¿verdad? Llegaron a insultarte diciendo que estabas gorda. La presión de las fans es tremenda, pero más la de los haters. *¿Quién puede tener a los treinta y cinco la misma imagen que a los diecisiete? Todo cambia: tu música, tú, nosotras. No aceptarlo es negar la evolución, el paso del tiempo.*

En la primera estrofa de Anti-Hero *ya hablas de la depresión que te impide conciliar el sueño al acostarte. En el estribillo dices que tienes un problema, porque te autosaboteas en lugar de trabajar en tus dificultades. Creo que eso lo hacemos todas, porque es más fácil lamentarse que luchar. La autocomplacencia es el peor enemigo. Refocilarse en lo malo es como revolcarse en el barro.*

Tú, al menos, puedes exorcizarlo cantando.

Quiero ser libre, ¿sabes? Y no me refiero a la libertad como válvula de escape, sino como idea, como base de la vida. Libre en mis pensamientos y mis ideas. Libre aunque esté con alguien y enamorada. Libre para tomar mis propias decisiones. No quiero ser una antiheroína: quiero ser la heroína de mi propia existencia. Cuando te oigo cantar, me siento fuerte, segura. Lo que dices y cómo lo dices me sacude y me da energía.

Me alegra haberle contado a Pol que, antes de conocerle, había salido con Adam. Eso me evitó el mal trago de aquella tarde en la que se nos presentó borracho. Me ahorré un montón de explicaciones. Eso refuerza mi idea de que, en una relación, la sinceridad es lo más importante. *Cómo no, tú también lo dices en* Cruel Summer: *«No quiero guardar secretos para poder tenerte».*

Se acercan los días más decisivos de estos meses. En el fútbol, los partidos para subir de categoría. En los exámenes, el dichoso promedio y la selectividad. Y a la espera de la llamada del Fútbol Club Barcelona para la prueba. Sin olvidar a Pol. Sin olvidar a Anna.

¡Ay, Taylor!, ¿cómo resistes tanta presión?

36

Había sido un buen entreno.

Pletórico.

El siguiente partido lo tenían fuera de casa en dos días, contra un equipo de mitad de la tabla. En teoría, eran las favoritas, las contrarias no se jugaban nada, pero siempre quedaba el factor sorpresa, el prurito de ganar a las líderes, y no querían perder la concentración. Sonia Llompart las estaba apretando de lo lindo. Y ellas respondían.

La energía, a flor de piel.

Fue mientras se vestían cuando Sandra se dirigió a Mireia:

–¿Has visto el anuncio?

–¿Qué anuncio?

–Lo están poniendo por todas partes. Puede que alguna se lo haya llevado de aquí. Espera.

Sandra rebuscó por su bolsa. Extrajo un papel algo arrugado, un folio tamaño A4 de color amarillo. Las letras eran grandes.

Mireia leyó:

¿JUEGAS AL FÚTBOL?
¿TIENES ENTRE 17 Y 22 AÑOS?
¿MIDES 1,70 Y ERES MORENA?
¡ESTA ES TU OPORTUNIDAD!

Vamos a rodar un vídeo
para un importante proyecto audiovisual.
Tú puedes ser la elegida. Llámanos, apúntate
y preséntate con tus datos y tu currículo.

¡NO LO DUDES!
¡TE NECESITAMOS!

Abajo, un teléfono, una dirección y un nombre: VideoSport S. A. Nada más.

–¿Crees que va en serio? –preguntó Mireia.

–Eso parece –aseguró Sandra.

–¿Vas a presentarte?

–Por supuesto. Soy morena y mido 1,70. Como tú.

Era cierto. La única diferencia era que Sandra era mucho más guapa.

El anuncio no decía nada de que tuvieran que ser mises.

Solo que jugasen al fútbol.

–¿Tú qué crees? –frunció el ceño Mireia–. ¿Será algo serio?

–¿Por qué lo dices?

–Igual acaban en un país árabe vendidas como esclavas.

–¡Tía! –se echó a reír Sandra–. ¡Han puesto esto en un montón de campos de fútbol donde jugamos nosotras! ¿Cómo va a ser un engaño? En todo caso, estas cosas les pasan a las de fuera de España cuando las mienten para traerlas aquí y hacerles lo que les hacen, los muy hijos de puta.

–¿Cuántas crees que necesitarán?

–Ni idea. Igual es un anuncio de esos con mucha gente y somos doscientas, o solo nos quieren para grabarnos mientras jugamos. Y en este caso...

–Con unas pocas vale.

–¿Te animas?

–¿Yo? No.

–¿Por qué no?

–¡Solo me faltaría eso!

–¿Y si necesitan a buenas futbolistas? –recalcó lo de «buenas»–. ¿No solo altas y morenas o que den el pego, sino que la toquen bien?

–Pues te cogerán. Ya me lo contarás.

Sandra seguía asombrada:

–¿No te interesaría sacarte un dinero? El verano está ahí mismo.

–Sandra... –puso cara de cansancio–. En serio, si es que voy a tope. Un anuncio de esos no se graba en un abrir y cerrar de ojos.

Igual te necesitan dos o tres días. ¿De dónde quieres que saque yo ese tiempo sin jugármela?

–Yo lo veo como una oportunidad.

–¿Una oportunidad de qué?

–No sé, pero salir por la tele en lo que sea... mola.

–Eso, si te sacan bien; pero si te fijas en la mayoría de anuncios con mucha gente, apenas si se ve a uno u otra, todo pasa muy rápido. Además, ¿quién dice que sea para un anuncio? Aquí pone «importante proyecto audiovisual».

–Más a mi favor. De ahí a que nos den un Gaudí o un Goya...

Mireia se echó a reír.

Si por algo le gustaba Sandra, era por su energía y su optimismo. Siempre estaba contenta.

Además de por ser la hermana de Pol.

Mireia le devolvió la hoja de papel y acabó de vestirse. La mayoría de las chicas ya habían salido del vestuario. Sandra agitó la melena con la cabeza hacia atrás, un gesto muy característico de ella. Después se cruzó de brazos.

–Venga, ¿estás ya?

–Sí.

–Mira que eres...

–¿Soy qué?

–¡Soy capaz de llevarte a rastras! –le gritó–. ¡No vas a dejarme sola, a ver si me llevan al desierto de Tasmania y me venden a un beduino!

Mireia ni siquiera le dijo que Tasmania estaba al sur de Australia y que ni mucho menos había beduinos en la isla.

37

Cuando llamó al timbre del piso de Anna, no estaba muy segura de lo que se iba a encontrar al otro lado. Los wasaps habían sido neutros: «Ya estoy casa», «¿Voy?», «Sí, porfa».

Le abrió la madre. Tenía mejor aspecto que en el hospital. La recibió con una sonrisa y Mireia le dio dos besos. El diálogo fue rápido.

—Está en su habitación, descansando.

—¿Cómo lo lleva?

—Se recuperará —dijo la mujer—. Todos ayudaremos, ¿verdad?

La señora Luisa la dejó en la puerta. Mireia llamó con los nudillos y, por si acaso, se anunció:

—¡Soy yo!

—¡Pasa!

Cruzó el umbral y se encontró con el abrazo de Anna, que acababa de levantarse de su mesa de estudio. Que no estuviera en la cama le pareció buena señal. También su amiga tenía mejor aspecto, y vestida no se le notaba la delgadez. La sonrisa era franca y abierta.

—¡Hola!

—¿Cómo estás?

—Bien, ¡bien! —le mostró un mesurado entusiasmo—. Solo fue un susto.

—Pues menudo susto.

—Ya, ¡dímelo a mí!

Se sentaron en la cama. Las sábanas estaban revueltas. Anna sonreía, pero sus ojos todavía estaban apagados. El mortecino brillo de vida se encontraba muy lejos, al fondo, perdido. Sin embargo, estaba ahí, y podía ir a más.

Tenía que ir a más.

–¿Qué ha dicho el médico?

–Me ha dado el alta, ¿no?

–Sí, ¿pero qué ha dicho?

–Quería que fuese al hospital de día.

–¿Y vas a ir? –se alarmó, porque eso era una mala señal.

–No, mamá se opuso. Dijo que tenía que hacer vida normal, medicándome y todo eso, pero en casa.

–¿Y el médico estuvo de acuerdo?

–Habló conmigo. Le dije que me portaría bien, que había pasado una mala racha, nada más.

–Anna, todas deben de decirle lo mismo.

–Pues me creyó –se puso seria–. ¿No me crees tú?

–No se trata de creer o no creer. ¿Tú te sientes capaz, en serio?

–¡Sí!

–¡Entonces, adelante, pero no juegues ni te engañes a ti misma, joder!

Anna le cogió las manos. Se las apretó. Entonces habló desde el fondo de su corazón, con marcada emoción, dando densidad a cada palabra.

–Voy a cambiar, ¿vale?

–Vale.

–¡Te lo juro!

–¿Pero cambiar cómo? ¿De actitud? ¿Vas a comer...?

–Todo.

–Anna, cada cual es como es –fue sincera–. No digo que desde ahora luches contra la anorexia, porque eso está en tu mano, pero nunca dejarás de ser una romántica empedernida con un sentido..., no sé, trágico de la vida. Te gusta estar enamorada, y eso te hace sufrir. ¡Es un círculo vicioso!

–Esto se acabó. Toni me ayudará.

Mireia se quedó desconcertada.

–¿Quién es Toni?

–Uno de los enfermeros. Tiene veinte años. Hablamos mucho y... Bueno, sintonizamos. Su hermana murió de anorexia, y por eso estuvo bastante a mi lado.

–¿Has ligado en el hospital? –no podía creerlo.

–Yo no diría «ligar».

–¿Pues cómo lo llamarías?

–Ya te lo he dicho: sintonizar.

–¡Eres increíble!

–¡Mireia, que no lo busqué: pasó y ya está!

–¿Pero tienes que estar siempre enamorada de alguien?

–¡No estoy enamorada!

–No, todavía no, pero tú no sabes tener amigos.

Anna dejó de cogerle las manos.

–Si lo sé, no te lo cuento –refunfuñó.

–¡No, tienes que contármelo todo, como yo te lo cuento todo a ti! ¡Y más ahora! ¡Yo también quiero ayudarte!, ¿vale?

–Lo sé –dejó caer los hombros–. Tendré cuidado, te lo prometo. Pero que conste que fue él. Dijo que quería verme fuera del hospital, ir al cine...

–Pues mira, ya podemos salir los cuatro, tú, Toni, Pol y yo. ¿Qué te parece?

–Primero quiero hacerlo un par de veces sola con él, a ver qué tal. Luego, sí, sería estupendo. Estudia Medicina, ¿sabes? Lo hizo por lo de su hermana. Está muy sensibilizado con esto.

Mireia ya no pudo decir nada más. La conocía. Quizá esta vez tuviera suerte. Lo esencial era que superase la falta de apetito y se rearmase anímicamente. Si su cuerpo era fuerte, tal vez lo fuese más su mente. A lo mejor, sí, salir con alguien que sabía del tema la ayudaba.

Anna le mostró que ya no quería hablar más de todo aquello:

–¿Qué tal el partido de esta mañana? Sé que habéis ganado por los pelos.

38

No le gustaban los días de lluvia, la hacían estar melancólica. Sin embargo, después de llover, reconocía que los olores de la primavera eran otros, más intensos y hermosos. Mayo era uno de los meses que más le gustaban, un claro preludio del verano, pero sin los agobios del calor extremo. También era un mes intenso, con las finales de todo, ligas, Champions... ¿Quién no tenía la adrenalina a tope en momentos así? Sobre todo, formando parte de ello en mayor o menor medida, como practicante o simple aficionada.

–Deja un poco para los demás –le dijo Pol.

–¿Un poco de qué?

–Cuando respiras a pleno pulmón, te llevas todo el aire.

–¿Tan fuerte lo hago?

–Pareces una aspiradora –bromeó.

–Me encanta este olor –Mireia se encogió de hombros–. Un primo de mi madre no tiene olfato, y siempre me he preguntado cómo debe de ser. Ni me lo imagino.

–A mí me gusta tu aroma.

–Y a mí el tuyo –se acurrucó más contra él y le dio un beso rápido.

El Turó Park era, sin duda, el parque más bonito de Barcelona. Pequeño pero repleto de árboles que lo aislaban del entorno, las casas de los ricos de la parte baja de Sarrià. Los nenúfares del estanque eran grandes y estaban en flor. Los bancos a la sombra estaban llenos, la zona de juegos infantiles a rebosar de niños y niñas con sus padres, abuelos o asistentas pendientes. El parque era una burbuja de paz en medio de todo.

—¿Cómo está Anna?

—Mejor.

—¿Lo de ese enfermero que me comentaste...?

—Ha salido con él, y parece que bien. Espero que, por una vez, se lo tome con calma. Dice que es muy cariñoso, hablador y divertido.

—¿No lo hará porque tu amiga le dé lastima?

—No creo —arrugó la cara—. ¿Te importa si un día salimos los cuatro?

—No siempre se congenia con alguien a quien no conoces, pero si lo quieres tú...

—Una vez, a ver qué tal.

—De acuerdo, sí.

—Gracias —recordó algo—: Dentro de poco es mi cumpleaños. Y son dieciocho. Quiero dar una fiesta. Puede que sea el momento de que os conozcáis Anna y tú.

—¿La harás en tu casa?

—Sí, claro.

—¿Estarán tus padres?

—No. Bueno, eso creo.

Caminaron un poco más, buscando los rincones más frescos. El bar estaba lleno, porque apenas tenía mesas. Dieron la vuelta por la parte de arriba y bajaron rodeando el estanque. En la zona de los perros, los animales correteaban mientras sus dueños y dueñas hablaban. Un sitio ideal para ligar. Allí el que no tenía un pequeño yate tenía una casa en el Empordà.

—Por cierto, tú que estás al día en estas cosas —dijo de pronto Pol—: ¿viene alguna estrella musical a comienzos de junio para actuar en Barcelona?

—No que yo sepa —hizo memoria Mireia—. ¿Y para dentro de tan poco? Las giras se anuncian con meses de antelación, hasta un año a veces. En verano sí, hay un montón de conciertos y festivales, pero para cuando tú dices, no. ¿Por qué lo preguntas?

—Mi tío trabaja en el Mercer, el hotel más lujoso de Barcelona, ya sabes. Por lo visto, alguien ha alquilado nada menos que dos plantas enteras, incluidas las *suites* de lujo, para cinco días de comienzos de junio.

–¿Dos plantas?

–Eso es mucha gente, y suelen hacerlo los grupos famosos cuando se mueven por ahí. Ellos, las parejas, mánagers, agentes y todo su séquito.

–Pero, si se tratase de un macroconcierto, les bastaría con dos o tres noches. Cinco son muchas –lo pensó un poco–. A no ser que dieran dos conciertos, o tres. Pero ya te digo que no hay nada anunciado, y menos de una envergadura como dices.

–Pues nada. Era curiosidad.

La curiosidad la tenía ahora ella:

–¿Puedes averiguar quién ha hecho las reservas?

–Se lo preguntaré a mi tío, pero ya sabes que en estos casos suelen dar nombres falsos. No creo que haya pistas ni indicios de quién pueda estar detrás.

–Falso o no, alguno habrán dado. Una vez leí los nombres que utilizaban los grandes del rock cuando se hospedaban en cualquier lugar, y eran muy divertidos.

–¿Sabes la pasta que vale reservar dos plantas enteras del Mercer? –frunció el ceño Pol–. Si no es un grupo de rock, ha de ser un millonario.

–Quizá un jeque árabe con su harén –sugirió Mireia–. Hace unos años, uno vino a Barcelona con no sé cuántas esposas. Dio mucho que hablar porque arrasaron comprando ropa y objetos de lujo en el paseo de Gracia.

Estaban en la puerta que daba a la avenida de Pau Casals. Mecánicamente, salieron del parque y de sus olores. La fuente, sin agua por la sequía, era un símbolo de otros tiempos. Por delante, la estatua del insigne violonchelista iluminaba el verde del espacio en el que se asentaba. Más abajo, el bullicio de la Diagonal.

Se olvidaron de quien fuera que hubiese alquilado dos plantas en el Mercer mientras caminaban cogidos de la mano en silencio.

39

Hacía días que no hablaba con Laia. Su hermana parecía más callada y menos rebelde de lo normal. Por lo menos, sus notas eran excelentes, así que no se trataba de problemas escolares. Aprovechando que faltaban apenas diez minutos para cenar, se coló en su habitación con una excusa tonta:

–¿Tienes cinta adhesiva?

Laia levantó la cabeza del libro que estaba leyendo. Una novela realista que conocía porque también le había tocado leerla unos años antes.

Era dura.

–No –fue la respuesta que esperaba.

Mireia siguió en la puerta.

–¿Te gusta ese libro? –preguntó.

–Sí, es muy bueno.

–A mí también me gustó mucho. Y eso que tiene años. Es un clásico –no quiso parecer que hablaba por hablar–. ¿Estás bien?

–Pues... sí. ¿Por qué no iba a estarlo?

–No sé, no cuentas nada.

–Porque no hay nada que contar.

–¿Seguro?

–No hagas de hermana mayor... –la previno.

Mireia acabó de colarse en la habitación. Cerró la puerta, pero se quedó en ella, apoyando la espalda en la madera.

–Soy tu hermana mayor.

La mirada de Laia fue de todo menos amable.

–¿Qué quieres?

–Nada, hablar.

–¿De qué?

–Me dijiste que te gustaba un chico a rabiar, y de eso hace...

–Exacto: hace. Anda que no ha llovido ni nada.

–Tía, que apenas fue hace unas semanas.

–Pues ya no me gusta, ni a rabiar ni a nada. Es otro idiota.

–¿Por qué?

–¿Recuerdas que hablamos de que los chicos están descolocados y van más perdidos que un pingüino en la Costa Brava en agosto?

–Sí.

–No hace falta que diga más.

–O sea, que te salió rana.

–Imbécilmente machista.

–Lo siento.

–No es solo él –acabó bajando el libro para depositarlo en su regazo–. Es como si en este año todo el mundo se hubiera vuelto majara. Mi amiga Paula me dijo el otro día que le parecía que era bisexual.

–Bueno, muchas no os aclaráis a los catorce o quince años. Buscáis una identidad.

–Pero lo de que «le parecía»... –hizo hincapié en el verbo.

–¿Ha probado los dos lados?

–¡No!

–Entonces, tendrá que hacerlo.

–Ese es el problema. No se pueden «probar» según qué cosas. Digo yo que o se sienten o no se sienten. Yo sé que soy normal.

–No digas eso.

–¿El qué?

–Lo de normal. Hoy día, ya no es como cuando nuestros abuelos o nuestros padres. La normalidad es que hay muchas tendencias y han de aceptarse todas.

–Vale, sí –lo reconoció Laia.

–No hay que herir a los demás.

–Lo pillo, lo pillo –quiso dejarlo claro.

–¿Qué te dijo ese chico para que te pareciera imbécilmente machista?

–Chorradas.

–Va, dime una.

–Que las tías nos hemos vuelto locas, que vamos pidiendo guerra y que, en cuanto uno hace algo, nos ponemos a gritar que nos acosan.

–Una chica siempre va por delante de un chico aquí –se tocó la sien–. Al menos, un par de años. Crecemos antes, cambiamos antes, evolucionamos antes, somos más sensibles, más listas, leemos... Luego, ellos aceleran, pero a tu edad hay mucha diferencia. Por eso, su defensa es volverse machistas, o quizá debiera decir «antifeministas». Es difícil encontrar a alguien que te equilibre.

–Tú estás saliendo con alguien, ¿verdad?

–¿Por qué lo dices?

–Pasas más tiempo fuera, y no es por los entrenos.

–Muy lista. Pero no se lo digas a mamá.

–¿Quién es?

–Se llama Pol. Es hermano de una del equipo, Sandra.

–¿La lesbiana?

–Laia...

–Vale, vale, no he dicho nada. ¿Vas en serio?

Se lo pensó unos segundos. Era la primera vez que lo exteriorizaba con palabras.

–Sí –reconoció.

–¿Lo traerás a la fiesta de tu cumpleaños?

–Sí, claro.

–¿Tienes una foto?

Se acercó a ella y sacó el móvil. Buscó en el archivo de fotos y se la enseñó. Su hermana no se mordió la lengua:

–¡Pero si está buenísimo! –gritó excitada.

–¿Qué pasa, que yo soy un cardo y no puedo aspirar a un chico que esté buenísimo?

–No, pero... ¡es que es muy guapo, tú!

–Gracias –se guardó el móvil, sintiéndose halagada por el comentario de Laia.

Y en ese momento sonó.

Volvió a sacarlo y miró la pantalla. Reconoció el número al momento. Se le aceleró el corazón.

–¡He de contestar! –le dijo a Laia mientras salía a escape del cuarto de su hermana.

Cogió la llamada justo antes de entrar en el suyo.

–¿Señor Estruch?

–Hola, buenas noches. Siento llamar a estas horas –oyó la voz del hombre del Fútbol Club Barcelona que la había contactado–. ¿Tienes un minuto, estás cenando, llamo mañana...?

–No, no. Diga –intentó no parecer ansiosa.

–Nada, solo quería decirte que haremos las pruebas durante la primera quincena de junio. Ya te avisaré de cuándo será. Solo es para que lo tengas en cuenta. Vendrás unos días a entrenar, jugar unos partidillos y ver cómo te desenvuelves.

–Señor Estruch –se mordió el labio inferior–, la primera semana de junio tengo los exámenes de la selectividad.

–Somos conscientes de ello, no te preocupes. No coincidirán las fechas, ni haremos las pruebas antes de esos exámenes. Tú sigue tranquila, jugando como juegas. Ya he visto que estás a un paso de subir y que sigues aportando juego y goles a tu equipo.

–Veo que está al día.

–Es mi trabajo. Y te diré algo: nos hacen falta jugadoras como tú. Ya sabes que el Barça, tanto el masculino como el femenino, es una fábrica de buenos centrocampistas.

–Lo sé, sí.

–Venga, te dejo, que, si no estás cenando, estarás a punto. Volveré a llamarte, Mireia.

–Gracias.

–¡A ti!

Justo cuando colgó, oyó a su madre llamándolas para sentarse a la mesa.

40

Anna era su mejor amiga de toda la vida. Ahora Sandra se había convertido en su mejor amiga en el ámbito deportivo. Compartían equipo, pasión y, por supuesto, compartían a Pol.

Sentadas sobre la hierba, descansaban mientras el resto de sus compañeras jugaban el partidillo de entreno. Había mucha intensidad en las suplentes, para ganarse un puesto en el equipo. Sabían que, si subían de categoría, habría cambios, necesitarían de alguna jugadora nueva, mayor y con más experiencia. El milagro era que un equipo tan joven hubiera llegado tan lejos. Algo impensable a comienzos de temporada.

Mireia no supo si hablarle de la llamada de Mariano Estruch.

El hecho de haber destacado quizá provocase envidia en más de una, aunque estaba segura de que no era el caso de Sandra.

Iba a contárselo cuando la sorprendió el comentario de su amiga:

—Nunca he visto a mi hermano tan feliz, ¿sabes?

—Bueno, yo también lo soy —confesó ella.

—Te diré algo —Sandra estaba tendida boca arriba, con los codos hincados a los lados y el torso levantado en diagonal—: ya sé que le quiero y todo eso, pero, si alguien se merece ser feliz, es él. Después de lo que pasó...

Mireia se tensó un poco. Ella estaba sentada en cuclillas.

—¿Qué pasó?

Sandra la miró alarmada.

—¿No te lo ha contado?

—¿Contarme qué?

—¡Ay, Señor, ya he metido la pata! –lamentó la chica.

—No seas tonta, va. Ahora ya no puedes dejar de decírmelo.

—Debería hacerlo él. Si no te ha hablado de Sergio...

—¿Quién es Sergio?

Sandra ya no tenía escapatoria. También ella se incorporó y se sentó en cuclillas frente a Mireia. Los dedos de ambas manos jugaron con los tallos de hierba que florecían en los márgenes del campo de entrenamiento. Tenía la mirada baja.

—Por favor, no le digas que te lo he dicho. Cuando te lo cuente él, que lo hará, pon cara de sorpresa, ¿vale?

—Sí.

—Júramelo.

—Te lo juro.

Sandra tomó aire. Por fin se lanzó a tumba abierta:

—Sergio era el mejor amigo de Pol. Inseparables. Se suicidó hace un año.

—¿Qué?

—Tenía solo unos meses más que Pol. Imagínate el palo.

—¿Pero por qué se suicidó?

—Llevaba tiempo con depresión, malos rollos, muchas comidas de tarro, problemas personales... Un cóctel explosivo, ¿sabes? Sea como sea, nadie lo vio venir. El detonante fue un fracaso sentimental. Con eso ya no pudo lidiar.

—¿Se enamoró?

—Y creyó que era la salvación. Por fin encontraba a alguien en quien apoyarse. No se guardó nada, se entregó a ella en cuerpo y alma. Todos imaginamos que la chica se sintió agobiada, con mucha responsabilidad por lo posesivo que era Sergio. El caso es que, cuando le dijo que no quería seguir, él se vino abajo.

—Pues ella también se debe de haber quedado fatal.

—Tú dirás. No sé ahora, pero en aquel momento se sintió culpable, sí.

—¿Cuántos años tenía? ¿Como tú y como yo?

—No, tenía la edad de Sergio y de Pol.

—O sea, que tu hermano ha estado todo este año jodido.

—No veas —asintió Sandra—. Ya te digo que para él has sido un bálsamo. Ha echado mucho de menos a Sergio, y ha andado perdido muchos meses. Tampoco lo vio venir y se culpó por no haberse dado cuenta, o de que Sergio no hubiera confiado en su amistad.

Sobrevino un momento de silencio.

Triste Sandra. Impresionada Mireia.

—No te preocupes. Esperaré a que me lo cuente él. Alguna vez sí he pensado que era raro que no tuviera amigos. Íntimos, ya sabes. Da esa sensación de solitario...

—A la fuerza.

—Sí, claro —musitó—. A la fuerza.

—¿Vas a venir a lo de la convocatoria por lo del proyecto audiovisual? —cambió la conversación Sandra de manera inesperada, decidida a no seguir hablando de Pol.

Mireia volvió a la realidad presente.

—Ya te dije que no.

—Y yo que sí. Te llevo a rastras. ¡Será divertido, sea lo que sea! ¡Y pagan!

—Una miseria, tenlo por seguro. Muchas horas para nada. Seguro que solo quieren un montón de carne fresca.

—¡Carne fresca, hala, qué bruta eres!

—¿Todas futbolistas? ¿Qué quieres, a ver?

—¡Venga, va, no me dejes sola! —insistió su amiga.

—¿Tú ya has llamado?

—Sí.

—¿Y te has apuntado?

—A ti y a mí.

Quedó conmocionada.

—¿Qué?

—Mira, si no vienes, diré que te has puesto enferma. Pero apuntada estás —levantó la barbilla, desafiante—. ¡No hace falta que me lo agradezcas, que lo harás, pesada!

41

−Mireia, Toni. Toni, Mireia.

Se dieron dos besos en las mejillas. No lo recordaba del hospital. Y, si estaba cuando había ido a ver a Anna, desde luego no se había dado cuenta. Era un chico normal y corriente, de los que no destacan. Estatura media, cabello corto, barbita recortada, ojos dulces y expresión tierna. Lo primero que pensó fue que hacían buena pareja los dos, tal para cual. Anna tenía mejor aspecto, había ganado peso. Quizá la mejor de las suertes fuese que él era enfermero y sabía lo suficiente de medicina como para tenerla controlada.

Todos sus miedos desaparecieron en cuanto hubo hablado con él unos minutos.

Suficientes.

−Me ha dicho Anna que juegas muy bien al fútbol.

−Lo justo.

−Díselo −apuntó Anna.

−¿Que le diga qué?

−Lo de la prueba.

−Van a hacerme una prueba para entrar en el Barça −se lo dijo.

−¿Vas a jugar con Aitana y Alexia y...?

−El B −puntualizó.

−De momento −insistió Anna.

−He visto algún partido, sobre todo de Champions, por la tele, y reconozco que lo paso bien −aseguró Toni−. Apenas hay faltas, el juego es muy directo, los goles son preciosos... La verdad es que hay partidos mucho más atractivos que los de los hombres, porque a veces te aburres soberanamente cuando ves a esos equipos que ni siquiera juegan, solo saben cerrarse atrás y dar patadas.

–No me habías dicho que fuese futbolero –le dijo Mireia a su amiga.

–Tiene golpes escondidos –suspiró Anna, feliz–. Si supieras cuál es su *hobby*...

–Tampoco es tan raro –protestó él.

Mireia esperó.

–Colecciona monedas de todo el mundo –lo remató Anna.

–¿A que tampoco es tan raro? –insistió Toni.

–Para nada –le dio la razón Mireia.

–¿Lo ves? –el enfermero se mostró radiante. Después de mirar a Anna, volvió a dirigirse a Mireia–: Cuando viajes por el mundo con el Barça, ya sabes.

–Hecho –sonrió ella.

No parecían novios, solo amigos, pero había algo en ellos que los delataba. Pequeños detalles. Mireia se fijó. Después de leer un libro sobre cómo se movían las personas al hablar, lo que se llamaba «lenguaje corporal», se daba cuenta de muchas cosas que antes le pasaban inadvertidas. El tono de voz, los gestos, las miradas, la cercanía o distancia entre las personas... El trato de Toni hacia Anna era de cariño, no de pena o lástima. Cariño y ternura, algo que formaba parte de las bases del amor. Para Anna, quizá fuese una salvación, pero actuaba con él de manera muy diferente a como lo había hecho antes con su impresentable Juan. También podía tratarse de madurez, la de enfrentarse a una relación con un chico mayor que ella y la de haber aprendido la lección de sus anteriores fracasos.

Desde que conocía la historia de Sergio, el amigo de Pol, tenía todavía más miedo por Anna.

Y necesitaba quitárselo de encima.

–¿Cuándo harás la fiesta de tu cumple? –le preguntó Anna.

–Cae en viernes, así que no sé si el mismo día o mejor el sábado. Hablaré con el personal, a ver a cuántos les viene mejor un día u otro.

–A mí me da igual. ¿Podré llevar a Toni?

–¡Pues claro, serás tonta! ¡Vaya pregunta!

–Dieciocho –dijo él–. Yo ya ni recuerdo cuándo los cumplí.

Se echaron a reír los tres.

Sí, Anna estaba mucho mejor. Hacía semanas, meses, que no la veía así ni la oía reír de aquella forma.

Y quizá Pol y Toni se cayeran bien y pudieran salir los cuatro.

Aunque solo fuese un par de veces.

¿Por qué el amor era tan egoísta?

42

Aunque todavía faltaba, habló del tema de la fiesta con sus padres a la hora de la comida.

–Se acerca mi cumpleaños.

–Sí, lo sé –el primero en hablar fue Ventura–. No recuerdo un día más lluvioso en años.

–¡Ay, sí! –afirmó Damiana–. ¡Creía que no llegábamos a la clínica!

–Un poco más y naces en mitad de la Vía Augusta.

–Estoy hablando de que quiero dar una fiesta –trató de reconducirles, harta de que cada año dijeran lo mismo.

Ni caso.

–Laia, en cambio, nació con un sol y un calor...

–Como que era agosto, mamá –le hizo ver la aludida.

–¿Me estáis escuchando? –Mireia golpeó el vaso con la cuchara.

El tintineo consiguió su propósito.

–Sí, lo de tu fiesta –aceptó su madre.

–Mi cumple cae en viernes, y no sé si dar la fiesta el mismo día o el sábado.

–Mejor el mismo día, ¿no? –se apuntó Laia.

–A lo que me refiero es a qué opináis vosotros –Mireia miró a sus padres.

–A mí me da igual. Lo que digas –se ofreció Damiana.

–Mamá, que no lo pillas –fue cauta Mireia–. Es MI fiesta, con MIS amigos.

–O sea, sin padres –intervino Ventura.

–¡Ay, ni que molestáramos! –reaccionó ofendida Damiana.

–No molestáis –quiso dejarlo claro Mireia–. Pero son dieciocho años. No va a ser una fiesta infantil.

No era la mejor manera de expresarlo, pero ya estaba dicho.

–¿Quieres que nos encerremos en la habitación y no salgamos? –se hizo la ofendida su madre.

–Quiero que os vayáis a cenar, o al cine, o las dos cosas a la vez. Solo eso.

–¿Habrá música y bebida...? –la mujer miró las figuritas de porcelana que llenaban una mesa ratona junto a la ventana. Luego, los adornos que jalonaban la estantería llena de libros–. Es que...

–Mamá, lo quitaremos todo y luego lo volveremos a poner, no sufras –intervino Laia ayudando a su hermana mayor y, de paso, dejando bien claro que ella también quería formar parte de la fiesta pese a tener solo catorce años.

–Cariño –Ventura le cogió la mano a su hija–, si la haces el viernes, nos iremos al cine y a cenar para celebrarlo por nuestra cuenta, no te preocupes. Y, si es el sábado por la tarde, comeremos fuera, iremos también al cine, a cenar... Pero más tarde de las doce o la una no vamos a llegar a casa.

–Descuida, papá.

–No, si ya... –Damiana seguía inquieta–. ¿Cuánta gente va a venir? Esto no es precisamente grande.

–Doce o... quince a lo sumo –calculó Mireia–. Todavía no he dicho nada a nadie. Siempre hay quien no puede o quien sí pero se trae a una amiga o amigo.

–Pero los conocerás a todos, ¿no?

–Tranquila, mamá, que no te van a robar las joyas.

–¡Ay, cómo eres! –volvió a hacerse la ofendida.

Iba a contarles también lo de la prueba en el Barça, pero prefirió no hacerlo. Todo a su debido tiempo. Con la selectividad de por medio, cualquier precaución era poca.

En ese momento sonó el teléfono.

Intentó no ponerse roja al ver que era Pol.

Como si sus padres pudieran intuir o saber algo.

—Ahora vuelvo —se levantó de la mesa.

—¡Que falta el postre! —protestó Damiana.

—¡Voy, voy!

Salió del comedor y respondió a la llamada hablando en voz baja mientras se dirigía a su habitación.

—¿Sí?

—Hola —oyó la voz de Pol—. Tengo noticias sobre lo del hotel Mercer.

—Ah —se quedó un tanto sorprendida, porque había dejado de pensar en ello—. Dime, dime.

—La empresa que ha alquilado las dos plantas es americana y se llama Republic Records.

A Mireia se le congeló la sangre en las venas.

Literalmente.

De pronto...

—¿Mireia?

—Pol, Pol... —apenas si podía hablar—. Esto es de Taylor Swift, ¿te das cuenta? ¡Republic Records es ella!

43

Ni siquiera sabía cómo había podido acabar de comer.

Y eso que su madre, siempre atenta, le había preguntado:

—¿Todo bien? ¿Quién te ha llamado? Pareces estar en una nube.

—Una amiga que estaba lesionada pero que podrá jugar el domingo, nada más —se le ocurrió decir.

Ahora estaba en su habitación, sola.

Mirando a Taylor.

—¿En serio? —le dijo al póster más grande, sintiendo la mirada de su ídolo en ella—. ¿Vas a venir a Barcelona? ¿La ciudad en la que harás el videoclip de *Soccer* es... Barcelona?

Casi esperaba que Taylor le contestase.

Pero la sonrisa y la mirada del póster no se movieron.

—¿Por qué Barcelona?

Era una leona enjaulada. Se movía de un lado a otro, presa de la excitación y los nervios. Un sinfín de frases de canciones la golpearon.

Eso y las preguntas.

¿Podría verla?

¿Pedirle un autógrafo?

¿Hablar con ella?

Difícil, claro, por no decir imposible. La seguridad, las medidas para protegerla del acoso de las fans como ella, la manera en que se aislaría, desplazándose en un coche negro sin poner un pie en la calle salvo para el rodaje de...

El rodaje.

¿Dónde?

De nuevo la pregunta:

—¿Por qué Barcelona?

El mundo era muy grande, pero Taylor Swift venía a SU Barcelona.

Y entonces sintió el segundo escalofrío.

Aún más fuerte que el primero.

—¡Dios...! —exclamó sin apenas aliento y con la mirada perdida en sí misma.

Estaba paralizada.

Lo estuvo durante unos segundos, a medida que la luz se hacía en su mente. Una luz tan potente y clara que la dejó ciega.

Luego sacó el móvil, tan nerviosa que casi se le estampa en el suelo, y, mientras marcaba el número de Sandra, se dejó caer sobre la cama, porque las piernas se le doblaban.

Apenas si escuchó a su compañera de equipo preguntando:

—¿Sí?

—¡Sandra! —le gritó de manera ahogada, para no llamar la atención de sus padres—. ¡Voy a ir a lo del vídeo! ¡Voy a ir! ¡Claro que voy a ir! ¡Oh, Sandra, Sandra...! ¡Voy a ir y han de cogerme! ¡Han de hacerlo!

44

Las citadas a aquella hora eran doce. Eso equivalía a poco más de cuatro o cinco minutos por candidata para que superase la prueba, si es que las convocaban por bloques de hora en hora. Ya habían pasado el primer filtro, el de la entrada, una especie de nave en el Poblenou. Ahora estaban en una sala grande después de cambiarse en un vestuario. Ni Sandra ni ella conocían a las demás. Todas estaban ya vestidas de futbolistas, de pies a cabeza, aunque había un par que no tenían equipo. Llevaban una camiseta, pantalón corto y zapatillas deportivas, no botas reglamentarias. Algunas hablaban entre sí. Todas sujetaban sus dosieres. La característica común era lo que se pedía en la citación: eran morenas y medían metro setenta.

Sandra era la más guapa, pero ninguna desentonaba.

–¿Qué te parecen? –le cuchicheó la hermana de Pol.

–No sé –se encogió de hombros Mireia.

–No reconozco ninguna camiseta. No son de nuestra liga.

–Algunas jugarán en equipos más *amateurs* que el nuestro. Y otras, ni eso –miró a las dos sin equipación.

–Pues, si somos doce y van a estar todo el día haciendo pruebas, significa que se han apuntado no menos de cien o ciento cincuenta.

–Bueno, depende del número que necesiten. Si solo cogen a unas pocas...

Si solo cogían a unas pocas, era difícil que la seleccionasen a ella, salvo que buscasen a una buena futbolista, y no sabía si era el caso.

Porque, si se trataba de imagen, allí la mejor era Sandra.

–¿Estás segura de tu intuición? –volvió a cuchichearle su amiga.

–¡No es una intuición! –bajó mucho la voz–. ¡Ha de ser eso! ¡Basta con atar cabos! ¡El nombre de la canción, un vídeo con futbolistas, rodaje en el extranjero... y las dos plantas en el Mercer contratadas por Republic! ¡Es ella!

–¿Crees que alguna lo sabe?

Mireia las miró una a una.

–No –lo dijo plenamente segura.

–No eres la única fan de TS –advirtió Sandra.

–Pero soy la única que sabe lo del hotel –afirmó plenamente convencida–. ¿No te das cuenta de que esa es la clave?

De pronto, se abrió la puerta y llamaron a la primera.

–¡Laura Aymerich!

Llamaban por orden alfabético. Ella sería de las últimas, si no la última, salvo que hubiera algún apellido posterior a la S de Serrat.

Así que la cosa iba para largo.

Mejor relajarse.

Como estaban más apartadas que el resto, no les extrañó que se les acercara una de las dos que llevaban zapatillas deportivas. Era una chica de rostro agradable, ojos vivos y labios espectaculares, inmensa melena negra y rasgos exóticos, como si el padre o la madre tuvieran raíces orientales.

–¿Sabéis de qué va esto? –les preguntó.

–No –se apresuró a decir Mireia.

–Como veo que vais de uniforme... Bueno, quiero decir que parece que sois del mismo equipo, ¿no?

–Sí.

–Yo es que nunca he jugado al fútbol –fue ingenuamente sincera–. Me he apuntado como me apunto a todo, a ver si suena la flauta. Si las buscan guapas...

No lo dijo con petulancia, sino como una evidencia.

–Si las buscan guapas, te cogen seguro –la animó Sandra.

–Vale –les sonrió y las volvió a dejar solas.

Apenas hablaron mucho más.

Llamaron a la siguiente.

Dado que la primera no había salido por allí, dedujeron que lo hacían por otra puerta una vez pasada la prueba. Así no se comunicaban con las que esperaban ni las alertaban de nada.

Llegó el turno de Sandra.

–Suerte –le deseó Mireia.

La vio desaparecer y se quedó sola.

Mireia no fue la última, pero sí la penúltima. Quedaba una chica más cuando anunciaron su nombre:

–¡Mireia Serrat!

Cruzó la sala y entró en otra, aún más grande. A un lado, una mesa con tres personas, dos mujeres y un hombre. Al otro, una portería de fútbol a tamaño real y varios balones por el suelo. Un chico los estaba colocando en la parte más alejada de la portería. Se dio cuenta de que la sala estaba insonorizada.

Se acercó a la mesa.

–Hola –los saludó. Y, sin esperar, les entregó lo que llevaba–. Mi currículo, una USB con algunos goles que he marcado y jugadas de mérito, una foto y la copia de mi DNI para que vean mi edad. Cumplo dieciocho en unos días. Ah, y voy a fichar por el Fútbol Club Barcelona este verano.

A dos no pareció impresionarles demasiado. Tenían cara de póker. A una de las dos mujeres, en cambio, sí.

–¿Juegas profesionalmente?

–Mi equipo aún es *amateur*, pero vamos las primeras, así que seguro que ascendemos dentro de unos días. Entonces pasaremos a semiprofesionales.

–De acuerdo. Nos lo quedamos todo –aceptó incluso la USB–. Vas a hacer dos cosas. La primera, tocar el balón tú sola, a ver cuántos toques puedes dar sin que caiga al suelo. La segunda, después de que te digamos que pares, chutar todos esos balones en dirección a la portería; cuanto más cerca de los ángulos, mejor, así que nada de lo fácil, que es chutar al centro.

—Bien —dijo con una seguridad y una confianza que no tenía una hora antes.

—Pues empieza.

Mireia se dirigió a la pelota más cercana. La pisó, la hizo rodar, la subió y empezó a dar toques, como en los entrenos. Pierna derecha, pierna izquierda, rodillas, hombros, cabeza, de vuelta a los pies... Contó cincuenta y siete toques antes de que le ordenaran que parase.

—Vale, bien. A chutar.

Se dirigió a la primera pelota.

Sin carrerilla, la colocó en el ángulo superior izquierdo.

La segunda fue a parar al ángulo superior derecho.

La tercera la chutó abajo junto al palo izquierdo.

La cuarta, abajo junto al palo derecho.

Repitió la secuencia, sin fallar ni un disparo, hasta que el último lo mandó al larguero.

Entonces se volvió a los de la mesa y les dijo:

—Lo he hecho aposta. ¿Algo más?

45

I said: Remember this moment
In the back of my mind
The time we stood
with our shaking hands
The crowds in stands went wild
We were the kings and the queens
And they read off our names.

(Dije: Recuerda este momento
en lo más profundo de tu mente.
Cuando estábamos temblando
de nervios,
la multitud se volvió loca.
Éramos los reyes y reinas,
y ellos gritaban nuestros nombres).

Long Live, Taylor Swift

Querida Taylor:
Long Live *es una de mis canciones favoritas. Tiene algo... en la música y en la letra que me hace soñar y reflexionar. Supongo que toda tu obra es sublime, pero esta, y* Fearless, *y* Anti-Hero, *y* Exile *o* Cardigan *y todas las de* Folklore... *Hay momentos en la vida en que una canción te llega y te atraviesa de lado a lado. Será la receptividad, o cómo estás y te sientes, qué te pasa, qué procesos te dan fuerza o te destruyen.*
«Éramos los reyes y reinas, y ellos gritaban nuestros nombres».
Así me siento yo al marcar un gol.
Voy a conocerte.

Lo sé. Estoy segura. Nunca he estado más segura de algo en la vida. Voy a conocerte.

Lo he bordado en esa prueba. Primero con los toques de balón. Me he lucido. ¡Me he lucido! No era difícil, lo hago en los entrenos, o para calentar, pero siempre podían afectarme los nervios, ¡y no lo han hecho! Después de los primeros diez o doce, ya me he sentido tan bien, tan segura y fuerte... Sé que los he dejado boquiabiertos. Y, después, chutando a portería...

A no ser que haya muchas igual que yo, van a cogerme. No soy tan guapa como Sandra, pero tampoco soy un petardo. Soy normal, estoy bien. La gran pregunta es: ¿para qué nos quieren? ¿A cuántas? ¿Seremos pocas, o seremos un enjambre tal que ni se nos verá la cara? ¿Y tú, qué harás? No juegas al fútbol, está claro. Lo único que me aterra es que nosotras tomemos parte en un rodaje y tú lo hagas en otro, por separado. Pero, entonces, ¿para qué venir a Barcelona?

No. Hay algo más, ¿verdad?

¿Qué tienes pensado, y dónde?

¿Qué tiene Barcelona que no tenga ninguna otra ciudad del mundo?

46

Esta vez, la charla en el despacho de su tutora era más distendida. Después de todo, lo esencial ya había pasado. *Alea iacta est*, «la suerte está echada», como decían los romanos. Los exámenes eran historia. Quedaban el presente... y el futuro: la selectividad.

Llamarla PAU, «paz» en catalán, parecía una broma.

La señora Beatriz dejó de mirar la pantalla. Mireia se la imaginó todo el día haciendo lo mismo, felicitando a algunos y algunas por sus notas, reprendiendo a otros y otras por las suyas. Siempre había pensado que enseñar tenía que ser algo vocacional; si no, no lo entendía.

—Has trabajado —dijo finalmente la mujer.

—Pues sí —admitió ella—. Lo he hecho.

—Y los resultados están ahí —señaló la pantalla del ordenador—. Han podido ser mejores, pero...

—Supongo que siempre pueden ser mejores.

—En tu caso, sí. Pero bueno, dejémoslo así. Tienes de nota media un notable que, en el caso de que hagas una buena selectividad, te dará posibilidades de estudiar lo que quieras. ¿Ya lo has pensado?

—Humanidades, filología... Todavía le doy vueltas. Desde luego, letras, ya lo sabe. Lo mío no son las ciencias. Por eso hice el bachillerato artístico.

—Ten una opción clara y una de reserva, por si no llegas a la primera.

—Es lo que pensaba.

—Pero te cuesta decidir.

−Sí.

−¿Por el fútbol?

−Es mi sueño −quiso dejarlo claro−. Aunque he de tener algo más, lo sé, ya lo hablamos. No dejaré de estudiar una carrera aunque me salga bien.

−¿Cómo va lo de esa prueba para entrar en la plantilla del Barcelona?

−Me la hacen después de la selectividad.

−Menos mal.

−Antes nos jugamos el ascenso.

−Pues no te distraigas, Mireia. Sé que para ti esto debe de ser importante, pero no más que tu futuro. Subir de categoría es bonito, pero la vida seguirá igual lo hagáis o no. En cambio, lo que te juegas ahora es para siempre.

−Lo sé.

−Tus notas demuestran que has trabajado de firme y que te has concentrado. Sigue así.

−Gracias.

−Toma −le entregó un papel.

−¿Qué es esto?

−Los horarios de los exámenes de selectividad.

Lo primero que miró fueron las fechas: el 3, 4 y 5 de junio.

Luego se puso en pie.

La charla, el ritual, acababa allí. Se despidió de la señora Beatriz y salió al pasillo. Cuando dejó el instituto, no supo si iba a echarlo de menos o no. Y lo echó de menos. Ahora se iba del centro donde había estudiado el bachillerato durante dos años. De nuevo la pregunta: ¿se alegraba de irse, o estaba triste porque sabía que acababa de cerrar una etapa irrepetible de la vida? Todas sus compañeras se dispersarían por diversas universidades, y no solo de Barcelona.

Mientras caminaba, miró la distribución de los exámenes a lo largo de aquellos tres días de infarto.

El martes, de 8:30 a 9, comprobaban los datos de los alumnos. De 9 a 10:30, Lengua Castellana y Literatura. De 10:30 a 12, descanso. De 12 a 13:30, Lengua Extranjera. De 13:30 a 15, descanso. De 15 a 16:30, el resto, Física, Fundamentos Artísticos, Geografía, Geología y Ciencias Ambientales y Literatura Dramática.

El miércoles, de nuevo a las 8:30, comprobación de datos. De 9 a 10:30, Historia e Historia de la Filosofía. De 10:30 a 12, descanso. De 12 a 13:30, Análisis Musical, Ciencias Generales, Lengua y Culturas Latinas y Matemáticas. De 13:30 a 15, descanso. De 15 a 16:30, Dibujo Técnico, Historia del Arte, Historia de la Música y de la Danza, Literatura Castellana y Química.

Para terminar, el jueves, a las 8:30, comprobación de datos. De 9 a 10:30, Lengua Catalana y Literatura. De 10:30 a 12, descanso. De 12 a 13:30, Artes Escénicas, Dibujo Artístico, Lengua y Cultura Griegas y Matemáticas Aplicadas a las Ciencias Sociales. De 13:30 a 15, descanso. Lo último, de 15 a 16:30, era Biología, Diseño, Literatura Catalana, Tecnología e Ingeniería y Funcionamiento de la Empresa y Diseño de Modelos de Negocio.

A mediados de junio, durante otros tres días, el tribunal especial estudiaba las incidencias, que siempre las había.

Mireia se guardó el papel.

Cientos, miles de chicos y chicas empezaban a sudar la gota gorda ante aquello, con los cinco sentidos centrados en eso y en nada más.

Ella, en cambio, tenía el ascenso, la prueba del Barça y el vídeo con Taylor.

Porque estaba segura de que, después de su exhibición en la agencia, iban a llamarla.

47

Para cuando llegó Pol, la fiesta estaba ya bastante animada. Anna y su enfermero habían sido de los primeros. Después, Sandra y su novia. Laia lo estaba pasando en grande haciendo de asistenta. Del equipo de fútbol había otras tres. El resto, amistades del colegio, del barrio y del curso final del bachillerato que acababa de hacer.

Pol llegó con un ramo formado por dieciocho rosas espectaculares. Luego le entregó, fuera de miradas ajenas, una cajita con un pequeño colgante de oro: un corazoncito. Era la primera vez que le regalaban algo así.

–Gracias... –se sintió emocionada.

Estaban solos, así que pudo darle un beso.

–¡Mireia!

–¡Voy!

Era su fiesta, así que tenía que estar en todas partes. Dejó a Pol con Anna y Toni y ayudó a Laia con los sándwiches y los cuencos con patatas fritas. Habían quitado todo lo que podía romperse y el comedor estaba libre. La música sonaba y ya había danzantes dispuestos a desmelenarse.

No fue hasta mucho después cuando pudo volver con Pol y dedicarle unos minutos, ya libre de compromisos. Se sentía felizmente cansada.

Dieciocho años.

–Ya eres mayor de edad –le dijo él.

–¿Qué se siente cuando te pones un dos delante?

–Yo pensé que dejaba atrás toda la infancia, la adolescencia y la primera parte de la juventud. Pero no me dio un ataque de responsabilidad. Simplemente fue raro.

–Yo quería cumplir dieciocho, pero no sé si querré cumplir veinte.

–Querrás, ya lo verás. Es un pequeño gran salto. Oye, ¿puedo ver tu habitación?

–Claro.

Lo cogió de la mano y lo condujo por el pasillo. Abrió la puerta y le dejó entrar a él primero. Naturalmente, todo estaba limpio y en orden. Pol dio dos pasos y se detuvo en el centro. Miró atentamente las cuatro paredes, el estante con libros, la mesa de estudio, los pósteres de Taylor Swift y los de las futbolistas del Barça.

–Muy fan, ¿no? –bromeó.

Mireia se lo tomó un poco en serio.

–¿Pasa algo?

–Noooo –alargó la vocal al máximo–. Un poco ya esperaba algo así.

–En mi habitación hay pósteres de coches y motos –reconoció–. Cada cual con lo suyo.

Se quedaron mirándose y, entonces, él la cogió por la cintura.

La atrajo hacia sí y ella se dejó capturar.

El beso fue tan plácido como hermoso. Un beso diferente. Quizá por ser el primero de sus dieciocho años, ya que los cumplía justo a mediodía. De alguna forma, Mireia supo que su habitación ya no sería la misma. Dejaba de ser la habitación de una niña para convertirse en la de una mujer.

Pol estaría ya siempre allí.

Por lo menos, mientras estuviese ella.

–Espero pasar una noche aquí contigo –le susurró Pol al oído.

Mireia se estremeció.

La cama estaba al lado, a un paso. Tan cerca y, al mismo tiempo, tan lejos.

Supo lo que era el deseo.

Volvieron a besarse, y dejaron que el tiempo los envolviera. La música llegaba hasta allí amortiguada por la breve distancia. Se habrían quedado mucho más rato de no ser por la nueva llamada de Laia.

–¿Mireia?

Su hermana llamó a la puerta con los nudillos.

–¡Voy! –le anunció.

El último beso fue rápido.

–Anda, vamos –se resignó.

Cuando abrió la puerta, se encontró con Laia en el pasillo. La chica abrió mucho los ojos al ver aparecer a Pol. Luego, sonrió con malicia. No pudo evitarlo. Mireia se sintió como una niña pillada metiendo la mano en el tarro de las galletas.

No dijeron nada.

No era necesario.

48

Había tratado de parecer normal, pero no era fácil.

Como si llevase escrita en la frente la palabra «FELIZ» y su semblante exudase paz.

Cuando sus padres llegaron, solo quedaban Anna, Toni, Laia, Pol y ella. Los cinco recogían los restos del naufragio en forma de vasos de plástico, botellas de refrescos, platos y restos de comida. Primero, Damiana miró a Anna. Sabiendo lo que le había sucedido, la examinó con ojo crítico. Pero después se había detenido largo y tendido con Pol.

Su padre también, pero era diferente.

No esperó al día siguiente para abordarla.

–Mireia.

–¿Sí, mamá?

–¿Todo bien?

–Genial.

–¿Qué te han regalado?

–Libros, ropa, flores... –fue deliberadamente ambigua.

–¿Y ese chico?

–¿Quién? –intentó despistar.

–El alto y guapo.

–Pol.

–Pol, sí.

–Él ha traído las rosas.

–¿Algo más?

–¿Por qué lo preguntas?

Damiana no se cortó un pelo:

–¿Sois novios?

–¡Mamá!

–No me vengas con mamá, porque he visto cómo te miraba y cómo le mirabas tú a él. ¡Y lo que es peor: cómo me miraba él a mí!

–¿Y cómo te miraba?

–En plan suegra.

–¡Será posible!

Por una vez, Damiana se echó a reír.

–Venga, en serio. ¿Lo sois?

–Salimos y eso, nada más.

–¿Desde cuándo?

–No hace mucho.

–Parece un chico serio.

–Estudia Económicas.

Eso le gustó. Levantó las cejas y lo valoró como era debido. Mireia ya no tuvo más remedio que rendirse. Le enseñó el corazoncito de oro.

–Esto también es de él.

Su madre lo examinó con calma.

–En mi tiempo, cuando un chico te regalaba algo así, era toda una declaración de intenciones.

–Pues ya está.

–O sea que sí, que sois novios.

–No es una palabra que me guste –reconoció Mireia–. Hoy día, todo es más ambiguo.

–La gente sigue empleándola –pisó el acelerador–. ¿Está enamorado de ti?

–Sí.

–¿Y tú de él?

Era su madre. ¿De qué servía negar lo evidente? Tal vez fuera mejor así, para no andar con mentiras ni con rodeos por llegar tarde o salir temprano.

–Sí –admitió.

—Bueno —se rindió a la evidencia—. Si te digo que te lo tomes con calma, no me harás caso, ¿verdad?

—¿Cuándo no te he hecho yo caso en algo, mamá?

La mirada fue reveladora. Inesperadamente, le dijo:

—De momento, no le digas nada a tu padre.

—¿Por qué? —se extrañó Mireia.

—Bueno, sigues siendo su niña.

—¿Tú puedes saberlo y él no?

—Un día le haces subir a casa y le conocemos bien.

Mireia empezó a alucinar. Se suponía que eso era lo que se hacía en tiempos de los abuelos, o de ellos, sus padres, pero... ¿ahora, en 2025?

—Vale, mamá. Por hoy ya está bien.

A Damiana no se lo parecía.

—Una última pregunta: ¿lo habéis hecho?

—¡Mamá! —se sintió poco menos que atrapada en una tela de araña, tan incrédula por tener aquella conversación como por la pregunta:

Curiosamente, su madre estaba tranquila. Incluso le restó cualquier importancia.

—Si no pasa nada, pero es que, si lo has hecho, ¡tienes que ir al ginecólogo y contárselo! ¿Vale? —fue explícita antes de agregar—: No vayamos a tener un disgusto.

Mireia quiso matarla.

Pero era su madre.

49

Jugar un partido después de una fiesta de cumpleaños que había acabado un poco tarde no era lo mejor. Hacerlo en un campo que era de los más lejanos de la división, tampoco. Había tocado madrugar. El equipo se amontonaba ahora en una especie de autobús que, por lo menos, las llevaba juntas. Quedaban dos partidos y, yendo primeras, con solo un punto de ventaja sobre las segundas, no podían despistarse. Si no ganaban, si empataban, las sobrepasarían seguro. Sus máximas rivales, como ellas, no fallaban.

–Ese campo es un patatal, ¿recuerdas? –gruñó Sandra, sentada a su lado.

–Un rompepiernas –estuvo de acuerdo Mireia.

–Cuando jugamos en casa contra ellas, solo ganamos dos a uno.

–¿Quieres callarte? ¡No me lo recuerdes!

Sandra se encogió de hombros.

Llevaban un rato calladas. Primero habían subido al autobús gritando y cantando. Ahora la tensión estaba en modo pausa. En primera fila, la entrenadora estudiaba todavía la táctica en una libreta.

Les pedía un último esfuerzo.

Si ganaban el partido, el último lo jugarían en casa, con todo a favor.

Subir de categoría, un equipo tan joven. Un sueño.

–¿Te das cuenta de que puede que juegues tu penúltimo partido con nosotras? –le comentó de pronto Sandra.

Mireia contuvo la respiración.

Si pasaba la prueba con el Barça B, en septiembre estaría en otro nivel, otra dimensión.

Dos partidos, sí.

–¿Quieres ponerme nerviosa? –la azuzó Mireia.

–Te voy a echar de menos –insistió Sandra.

–Como no me acepten en el Barça, vas a ver tú lo que es aguantarme.

–Cállate, cuñada –la pinchó su amiga.

–Pero... ¡qué mala eres! –quiso estrangularla Mireia.

El autobús desaceleró la marcha. Por las ventanillas, vieron que habían llegado a su destino. Eran las once de la mañana; faltaba una hora para que empezase el partido.

–¡Directas al vestuario! –oyeron gritar a Sonia Llompart.

Bajaron de manera ordenada y recogieron sus bolsas. Mireia cargaba la suya cuando le sonó el móvil. Era un número desconocido. Se apartó un poco y respondió de inmediato, para que la entrenadora no la oyese y le pegara la bronca. Cuando había partido, exigía el máximo de concentración.

–¿Diga?

–¿Mireia Serrat? –una voz femenina.

–Soy yo.

–Siento llamarte en domingo, pero en lo nuestro no hay días ni horas. Además, supongo que te daré una alegría. Soy Irene Castro, de VideoSport. Nos conocimos el día que hiciste la prueba.

¿Una alegría?

Sus compañeras entraban en las pequeñas y viejas instalaciones del campo en el que iban a jugarse el ser o no ser para el ascenso.

–¿He pasado? –se atrevió a preguntar.

–Sí –se lo confirmó la mujer–. Nos impresionaste con tu demostración. Es más, esa noche vi la USB que nos diste, por curiosidad. No me extraña que vaya a ficharte el Barcelona.

Intentó no gritar.

Parecer normal.

–Gracias –dijo.

–No, no. Gracias a ti por presentarte. Será estupendo, ya lo verás. ¿Puedes pasarte mañana por la agencia, para que te contemos de qué va esto y te demos los detalles finales? Recuerda que no es el lugar en el que hiciste la prueba. No te equivoques.

–¿Puede ser por la tarde?

–Sí, puede ser. Tenemos todo el día. ¿Te va bien de cuatro a cinco?

–Sobre las cinco, sí –y lo justificó–: Estos días tengo la selectividad encima, ¿sabe? Voy un poco de cabeza. Y ahora estamos a punto de jugar un partido decisivo para el ascenso.

La oyó reír.

–¡Me alegra que estés tan ocupada! –manifestó la mujer–. ¡Que ganéis! ¡Hasta mañana!

–Oiga, ¿puedo preguntarle algo?

–No puedo avanzarte nada, y menos por teléfono.

–No, no es eso. Es que fui con una amiga, Sandra Roca. Solo quería saber si a ella también la habéis seleccionado.

Transcurrieron unos segundos. Se dio cuenta de que Irene Castro estaba examinando el listado de chicas aceptadas.

–No, lo siento –reapareció la voz.

Mireia sintió el jarro de agua fría.

–¡Hasta mañana! –volvió a despedirse la mujer.

Todavía estaba con el móvil en la mano cuando, por la puerta de la caseta, apareció Sandra llamándola desesperada.

–¿Se puede saber qué haces? ¡Sonia va a dar el equipo y la táctica final! ¿Quieres entrar de una vez?

50

Estaba tan revolucionada, tan excitada, que ni siquiera pensaba en escribirle a Taylor.

¿Para qué?

—Voy a conocerte —le decía a los pósteres una y otra vez.

Tenía que tratarse del videoclip de *Soccer*, para eso necesitaban futbolistas. Tenía que tratarse de Taylor, si era Republic quien había reservado nada menos que dos plantas enteras del Mercer. Tenía que... ¡Dos y dos!

Bueno, dos y dos eran veintidós. Dos más dos sí eran cuatro.

Acababan de ganar el partido. No estuvo bien: falló pases sencillos, falló un remate franco a puerta casi vacía, falló en la marca del gol de las rivales... Pero ganaron, uno a tres. Gracias a Elisabet, que se había salido haciendo su mejor partido.

¡Estaban a un paso del ascenso!

Hundió la cabeza entre las manos y trató de centrarse en lo esencial: estudiar. Pero le costaba demasiado. Después de un partido, la adrenalina iba a tope. Cinco horas después, todavía sentía la aceleración. Y no era para menos. Del cero a uno inicial a los veinte minutos, pasaron al empate a uno en la siguiente jugada, por estar celebrándolo y pensar que la cosa ya estaba hecha. Luego, el penalti en contra al filo del descanso. De no haberlo parado la portera... Luego sí, al poco de comenzar la segunda parte, el uno a dos. Las rivales las acosaron desde este momento. Era lo que se dice una victoria trabajada. El uno a tres final no llegó hasta el minuto ochenta.

El resto, historia.

–Vamos, vamos, estudia –se repitió por enésima vez–. ¡Te la juegas!

Al final, dejó caer la cabeza sobre el libro, exhausta.

Imposible concentrarse.

El ascenso, el videoclip, Taylor, la prueba del Barça...

Y Pol.

En ese momento, lo habría necesitado. Un beso. Un abrazo. Un instante de calma a su lado. No era pedir demasiado. Ni siquiera le había dicho que la acababan de aceptar. Lo único, la victoria en el partido, y por wasap.

El 97 % de los chicos y las chicas había aprobado la selectividad en Cataluña el año anterior. El porcentaje era prácticamente el mismo que en el resto de España. Pero no se trataba de aprobar, sino de sacar una nota decente. Esa era la cuestión.

Se levantó de su escritorio y salió de la habitación. Estaba sola en casa. Laia con las amigas y sus padres de visita en casa de los abuelos. El silencio era un bálsamo. Fue a la cocina y se sirvió un vaso de limonada fresca. Con él en la mano, caminó hasta el comedor y miró por la ventana. Apenas nadie en la calle. Empezaba a hacer calor.

Bebió despacio.

Como si así retrasase el momento de volver a estudiar.

En veinticuatro horas sabría si todas sus suposiciones eran ciertas.

«Nos impresionaste con tu demostración. Es más, esa noche vi la USB que nos diste, por curiosidad. No me extraña que vaya a ficharte el Barcelona».

Las palabras de la mujer de VideoSport resonaban como música celestial por su cabeza.

Primero, no había querido decírselo a Sandra. Se sentía mal. Sabía que era una chica fuerte, con la piel dura, pero aquello... ¿Hasta qué punto le hacía ilusión? No por Taylor, sino por el trabajo, ganar un dinero, salir en un videoclip que verían millones de personas y sería, sin duda, histórico. Luego, pensó que sí debía hacerlo, así que se lo contó al acabar el partido. Sandra la había abrazado.

—¡Me alegro tanto por ti!

Ningún resquemor, ninguna envidia. A Mireia le costaba creer que no la hubieran seleccionado, aunque solo fuese por guapa. Pero, por lo visto, querían algo más: querían futbolistas.

Otro reto.

Acabó la limonada y se resignó.

Dejó el vaso en la cocina, regresó a la habitación y, esta vez, para concentrarse, puso música. Dudó entre las canciones de *Midnights* o las de *The Tortured Poets Department*. Se decidió por el segundo, porque era el más reciente.

Cuando empezó a sonar *Fortnight*, se sintió mejor, capaz de estudiar de una maldita vez.

51

Las oficinas de VideoSport S. A. estaban situadas en un piso céntrico del Distrito 22@, muy cerca del Fòrum. Cuando Mireia entró por la acristalada puerta, salían dos chicas, morenas ambas y de metro setenta más o menos. Reían y estaban contentas. Imaginó que eran dos de las elegidas. La recepción era de diseño, lo mismo que la recepcionista, que más parecía una modelo que otra cosa. La inundó con una sonrisa y la hizo pasar a una salita cercana. Por las paredes, fotos y pósteres de las campañas desarrolladas por la agencia, todas con un nexo común: el deporte.

No tuvo que esperar demasiado.

–¿Mireia Serrat? –le preguntó otra mujer desde la puerta.

Estaba sola, así que era ella.

Se levantó y la siguió. El despacho de Irene Castro era más pragmático, pero igualmente elegante. Por detrás de la mujer, junto al ventanal desde el que se veía el mar, se alineaban varios premios ganados en concursos y festivales.

–Siéntate –fue lo primero que le dijo, de manera muy amable–. ¿Quieres un vaso de agua?

–No, no, gracias.

–Es que esta mañana se nos ha desmayado una.

–¿En serio?

La publicista se echó a reír.

–¡Ya lo entenderás! –pareció cantar antes de recuperar la calma–. Mira, Mireia, lo que voy a contarte es secreto. De entrada, vas a firmarme esto –le puso una hoja de papel por delante.

–¿Qué es?

–Un acuerdo de confidencialidad.

–¿Como en las películas?

–Sí, pero en serio –además de la hoja, le pasó un bolígrafo–. Con esto has de entender que todo lo que se diga aquí es materia reservada. Desde hoy hasta el día de la filmación, de lo que voy a contarte ahora, no podrás hablar con nadie de ello. Y cuando digo con nadie es con nadie, no sé si me explico. Ni padres, ni madres, ni amigas, ni novios. Por mucha confianza que tengas con alguien, ese alguien la tendrá con alguien más, y al final no hay secreto que valga. Al menor desliz, no solo te quedas fuera, sino que puedes arruinar el proyecto y, en este caso, incluso estarías expuesta a una demanda. ¿Me sigues?

–Sí –contestó muy seria.

–Acabas de cumplir dieciocho años, o sea, que eres mayor de edad y lo que vas a firmar lo haces bajo tu responsabilidad.

Mireia asintió.

–De acuerdo, pues. Lee ese texto. No hay prisa.

En la hoja de papel no se hacía la menor referencia al videoclip, ni a nada que no fueran varias cláusulas por las cuales se comprometía a no hablar del trabajo que iba a hacer.

No tuvo el menor problema en firmar aquello.

–De acuerdo –Irene Castro recogió la hoja y la guardó en un cajón de su mesa–. Ahora prepárate: vas a tomar parte en la grabación del próximo videoclip de Taylor Swift.

No supo si poner cara de estupefacción, fingir...

Decidió que no servía para eso.

–Ya lo sabía –dijo.

La cara de la mujer fue de pasmo.

–¿Cómo que ya lo sabías?

–Taylor ha grabado una canción que se llama *Soccer*, ha anunciado que va a grabar el videoclip en un país extranjero, o sea, fuera de Estados Unidos, y su compañía, Republic Records, ha alquilado dos plantas del hotel Mercer cinco días. O sea, muchos días, y como no está de gira...

—Asombroso —suspiró Irene Castro.

—Ese acuerdo le garantiza mi silencio, pero las fans de Taylor no son tontas, se lo aviso. Igual que yo he atado cabos, los habrán atado otras. Lo único que no sé es por qué ha elegido Barcelona. ¿Porque el Barça femenino es campeón de Europa y la selección nacional campeona del mundo?

—No solo por eso —dijo la mujer, ya sin reflejar la sorpresa que acababa de experimentar—. Hay otro motivo: Gaudí.

Era la respuesta a la pregunta de qué tenía Barcelona que no tuviera ninguna otra ciudad del mundo.

Gaudí.

—Vayamos al grano —se puso seria la ejecutiva de la agencia—: firmarás un segundo contrato el primer día de los dos que durará la filmación del vídeo por vuestra parte, al margen de lo que haga ella... Taylor. Tu sueldo será de tres mil euros. ¿Te parece bien?

Le parecía MUY bien.

Podía hacerlo gratis.

—Hemos seleccionado a veintitrés futbolistas. Tú, una de ellas. Formaréis dos equipos de once y once. Sobra una, que será la reserva, por sorteo, por si hubiera alguna baja de última hora. El primer día, jugaréis un partido de fútbol con los uniformes que os daremos, y filmaremos escenas de él. No se trata de si eres delantera y te ponemos de defensa. Eso da lo mismo. No será un partido entero, cortaremos cincuenta veces. Se trata de que juguéis. La cámara se meterá por el medio, os tomará planos, contraplanos, tiraréis algún penalti... Lo importante será tener mucho material filmado para luego seleccionar. Sabes que a veces hay horas y horas de trabajo y solo se usan unos minutos, o segundos. El segundo día, vais a interactuar con Taylor. También haréis ver que jugáis, y ella cantará entre vosotras. Hay algo importante: no vamos a tener horario fijo. Se trabajará hasta que se tenga el material suficiente.

—Nos ha escogido porque el Barcelona es el mejor equipo de fútbol femenino del mundo y España la campeona mundial.

—Por eso y por algo más.

—Lo de Gaudí.

—Exacto —asintió la mujer—. Te he contado vuestra parte. Taylor, por la suya, filmará escenas del videoclip en la Sagrada Familia, el Parque Güell, la Pedrera, la Casa Batlló... El montaje final se hará en Estados Unidos. Y tienen prisa. Quieren lanzar la canción y el vídeo en la segunda quincena de junio.

—Bien —seguía impresionada, pero no quería desmayarse, como la chica de la mañana.

—Una advertencia que figurará en el contrato que firmaréis: en ningún momento, y bajo ninguna circunstancia, os podréis comportar como fans. Esto es un trabajo. No podréis dirigiros a Taylor Swift, ni hablarle si no os habla ella. A Taylor solo la veréis cuando aparezca para una toma. La productora, sin embargo, nos ha dicho que al final se fotografiará con vosotras y que habrá obsequios para todas: discos, camisetas, fotos y pósteres firmados...

Mireia tragó saliva.

¿Le estaba sucediendo de verdad?

—Bien —volvió a decir.

—¿Bien, seguro?

—Sí, sí.

Y entonces le soltó la bomba:

—Vamos a llevar a cabo vuestra parte a comienzos de junio.

Mireia se puso blanca.

Tanto que Irene Castro lo notó.

—¿Qué pasa?

—¿Qué días de junio? —balbuceó—. ¡Tengo los exámenes de selectividad!

—En la programación pone que el 1 de junio jugaréis el partido y el 2 será cuando ella interactúe con vosotras.

Sintió toda la tensión del momento.

Tanto que le costó centrarse.

El día 1 era domingo. El 2, lunes.

Los exámenes de selectividad eran el 3, 4 y 5 de junio.

Soltó todo el aire retenido en los pulmones.

–Ningún problema –suspiró.

Lo había: los dos días previos no iba a poder estudiar. Pero... ¿de verdad se aprendía algo las cuarenta y ocho horas previas a un examen?

Se dijo que no.

Punto.

–¿Alguna pregunta, Mireia?

–No –siguió reequilibrándose.

–Entonces, bienvenida al equipo –se puso en pie Irene Castro, con la mano extendida hacia ella y una sonrisa de oreja a oreja–. Vamos a hacer un poco de historia con ese videoclip, ¿verdad?

52

–Pol.

–¿Qué?

–Nada. Me gusta decir tu nombre.

–Va, ¿qué ibas a decirme?

Mireia le miró de soslayo.

–Si empiezas a conocerme mejor que yo, te dejo.

–No seas tonta.

Ella se arrebujó un poco más a su lado.

–Me están sucediendo demasiadas cosas a la vez.

–¿Y te cuesta digerirlas?

–¿Te das cuenta de que voy a conocer a Taylor un día antes de que empiecen los exámenes de selectividad?

–Sí, ¿qué pasa?

–¿Crees que podré comportarme al día siguiente como una chica normal?

–Sí. Estarás contenta y animada. Capaz de comerte el mundo.

–¿Así de fácil?

–Así de fácil.

–¡Ay, Dios, me encanta lo positivo que eres y lo tranquilo que estás siempre!

–Es que soy mayor –bromeó.

Hubo unos segundos de silencio. Pol estaba tumbado en el jardín del parque con la cabeza apoyada en el tronco de un grueso árbol. Mireia, perpendicular a él, tenía la mitad superior del cuerpo en su regazo. Las manos de él la acariciaban de manera maquinal, despacio, rozando con las yemas de los dedos la piel de su brazo.

–Apenas he hablado con tu hermana. ¿Cómo está? –quiso saber ella.

–Bien.

–¿Seguro?

–Sandra es fuerte, tiene la piel dura. Desde que supo que le gustaban las chicas e imaginó contra lo que tendría que lidiar, cerró todos los agujeros por los que pudieran hacerle daño. Lo mejor es que ni está llena de aristas ni a la defensiva. Fluye y deja fluir. ¿Le hacía gracia tomar parte en la grabación de ese vídeo? Por supuesto. Pero creo que más por la experiencia y por el dinero que iban a pagarle que por el hecho de conocer a tu Taylor.

–No es mi Taylor.

–Sí lo es, y no pasa nada. Todos tenemos ídolos, espejos, referentes. A mí me empezó a gustar porque me parece que es la cantante más guapa de estos últimos años. Contigo he aprendido también a apreciar su música.

–No le habrás dicho a nadie lo del vídeo, ¿verdad?

–No, tranquila.

–Es que esa cláusula de confidencialidad asusta.

–Tú misma les dijiste que las fans no eran tontas. No van a poder mantenerlo en secreto mucho tiempo, y más cuando ella aterrice aquí. No va a pasar inadvertida.

Mireia reflexionó un instante.

–Uf... Por los pelos –suspiró–. Por poco no me coinciden los exámenes con lo del vídeo. Y también es suerte que la liga ya haya terminado para entonces, aunque creo que eso lo tuvieron en cuenta.

–¿Qué les vas a decir a tus padres?

–Que trabajaré en un vídeo y que me pagarán por ello.

–¿Sin decirles que se trata de Taylor Swift?

–Ellos no me dan miedo, pero Laia sí. No se lo podría callar.

–Te harás famosa.

–¡Quieres callarte!

–Con lo bien que juegas, te van a sacar mucho.

–¡Somos veintidós, y yo una más!

–Es increíble que estés más pendiente de esto y de la selectividad que del partido del domingo.

–¡No es cierto!

–Pues no hablas nada de él.

Pol tenía razón. Era el último partido y seguían estando en el primer lugar de la clasificación. Si ganaban, subían de categoría. El sueño cumplido. Para las que jugaran el siguiente año, sería un reto.

También para ella, si no superaba la prueba del Fútbol Club Barcelona.

Cerró los ojos.

Demasiadas cosas, sí. Demasiada tensión. Y la espada de Damocles de la selectividad era lo peor. Tenía que darles la alegría a sus padres tanto como a sí misma.

–Piensa en las chicas a las que no les pasa nada –dejó ir Pol con suavidad–. Muchas se cambiarían por ti con los ojos cerrados.

–¿Por qué siempre lo haces todo fácil y encuentras las palabras justas? –levantó la cabeza Mireia.

Pol se inclinó para besarla.

–Agradezco estar vivo –fue más que sincero–. Ya le he visto la cara a la muerte, y no me gustó.

TRES
TAYLOR

53

No había podido dormir en toda la noche. O, al menos, eso creía ella. Cuando sonó el móvil, pegó un brinco en la cama y se quedó sentada en ella tratando de reaccionar, con el corazón a mil.

La información apareció en su mente a base de ráfagas, disparos secos.

1 de junio.

Día de la grabación del partido de fútbol para el videoclip de Taylor.

Saltó de la cama, se metió en la ducha y pasó dos o tres minutos bajo el chorro de agua, primero caliente, después fría. Se despejó de golpe. Por suerte, sus padres hacían pereza y Damiana no la atosigó a preguntas y más preguntas finales, como si quedase alguna por contestar. Toda la semana había sido un bombardeo.

–¿Pero no sabes para qué lo graban? ¿Es un anuncio de algo? ¿Y te pagan todo ese dinero por participar? ¿Secreto? ¡Pues sí que tienen miedo! ¡Ni que fuese una cuestión de Estado!

Desayunó un tazón de cereales con leche y se vistió con la ropa más cómoda posible. Hacía días que ya sabían que luciría el sol. Ningún miedo en este sentido. Le habían dicho que fuera puntual, porque además de vestirse iban a maquillarlas un poco. También las peinarían. Se trataba de que todas se pareciesen un poco. Todavía no había oído la canción, y, desde luego, no la pondrían mientras jugaban. Eso lo harían al día siguiente, en el rodaje final con la propia Taylor.

Así que sería de las primeras en oír el nuevo tema que en unas semanas sería número uno en todo el mundo.

Era un día excepcional, y le pagaban mucho dinero; por lo tanto, cogió un taxi, aunque tardó más de cinco minutos en divisar uno.

El domingo parecía de lo más perezoso.

–Al Estadi Johan Cruyff –le dijo al taxista.

El hombre la miró por el retrovisor.

–¿Hay partido hoy? –se interesó.

–No, no –se limitó a decir.

Cuando Irene Castro le contó que el rodaje se haría en el campo donde jugaba el equipo femenino del Barcelona, se sintió no menos impactada. Sería la primera vez que lo pisara... Era su sueño desde siempre, entrar en ese campo, pero no como barcelonista, sino como jugadora del equipo.

La carrera fue breve, ya que vivía cerca de la salida de la ciudad por el sur. Cuando el taxista la dejó en la puerta de las instalaciones, Mireia vio a varias chicas entrando al mismo tiempo que ella. Eran las elegidas. Todas sonreían seguras y felices. A la mayoría las llevaban sus padres o novios en coche o moto.

Ella había preferido ir sola.

Los siguientes minutos fueron de locura, hasta que las reunieron en los vestuarios para recibir las primeras instrucciones. Irene Castro estaba allí. De hecho, era la voz cantante y la que daba las órdenes a gritos, pendiente de cualquier detalle.

–¡Habrá dos equipos, rojo y amarillo! ¡En esta pizarra veis las alineaciones! ¡Ya os dije que no hagáis caso si una es defensa y juega de delantera o viceversa! ¡No se trata de un partido! ¡Empezaréis a jugar y habrá interrupciones constantes! ¡Primero tomaremos planos generales desde la tribuna durante diez minutos, así que solo preocupaos de jugar! ¡Una advertencia: no queráis destacar, porque no va de eso! ¡Quiero que la pelota ruede, que corráis, que os la paséis al primer toque, que ninguna piense en chupar cámara, porque a la hora del montaje, eso dará igual! ¡Pensad en lo que queremos! Luego, las cámaras bajarán al campo y filmarán planos cortos con algunas, os harán repetir jugadas, *driblings*, disparos a puerta, paradas de película... ¡Tenemos todo el día, y habrá un buen *catering* a la hora de comer! ¿Estamos?

A Mireia le tocó un uniforme rojo con el número 8 a la espalda y en el pantalón. Casualidad o no, en la pizarra figuraba como centrocampista, su puesto.

¿O Irene lo había hecho con toda intención?

—¡Venga, a maquillaje!

Nunca había participado en un rodaje, ni se imaginaba lo que era. Allí había al menos cincuenta personas, entre técnicos, cámaras, personal de apoyo o ayudantes. Las maquilladoras eran cinco, pero iban a toda pastilla. Mireia se fijó en la chica más triste de todas: la suplente, la número veintitrés de las seleccionadas. Estaba allí por si pasaba algo, para que pudieran ser once contra once en todo momento. La suerte también contaba.

Por supuesto, ya todas sabían que iban a intervenir en la grabación de un videoclip con Taylor Swift. La noticia había saltado a la prensa cinco días antes: «La superestrella del mundo de la música aterriza en Barcelona para filmar escenas con destino al montaje del videoclip de su canción *Soccer*». Los medios incluso habían especulado con que las futbolistas que saldrían con ella serían las del Barcelona femenino. Los rumores se habían levantado en espiral. Taylor ya había colapsado la ciudad el día anterior, sábado, al rodar frente a la Sagrada Familia, la Pedrera y la Casa Batlló. Este domingo iba a hacerlo por todos los rincones del maravilloso Parque Güell, cerrado para ella.

—¡Vamos, al campo!

Las veintidós futbolistas enfilaron el acceso al césped.

Fue el último momento para hablar.

—¿Eres fan de Taylor? —le preguntó una chica de su equipo.

—Sí.

—¡Yo también! ¡Qué fuerte!, ¿no? Aquella de allí ni siquiera sabía quién era. ¿Puedes creerlo?

No hubo tiempo para más.

–¡En cuanto empiece el partido, no quiero ni una palabra, ni una sonrisa! –gritó por última vez Irene Castro–. ¡Se supone que estáis concentradas en jugar y ganar! ¿De acuerdo?

Lo estaban. Todas.

54

Tal y como había ordenado Irene Castro, jugaron libremente durante diez minutos. Había cinco cámaras filmándolas, dos en tribuna y tres a ras de césped. El juego era tan distendido que, cuando se produjo el primer parón, iban uno a uno. Cada equipo lo había celebrado como si fuera una final, porque Irene, desde la grada, no dejaba de dar órdenes a gritos con un megáfono.

–¡Pásala ya! ¡A la izquierda! ¡Desmárcate, 9 roja! ¡Déjate regatear, 5 amarilla!

Cuando sonó el silbato, se reunieron en la banda para recibir nuevas instrucciones.

Fueron rápidas.

–¡Diez minutos más! ¡Dejad espacios, permitid que las delanteras chuten a puerta! ¡Quiero ver a las porteras estirándose!

Los siguientes diez minutos volvieron a ser trepidantes.

Y Mireia no pudo evitar hacer lo que hizo.

El día del último partido de liga, con el que habían conseguido el ascenso de categoría, a falta de cinco minutos y ganando cuatro a uno, tuvo la inspiración de la genialidad. Y no fue premeditado. Simplemente, sucedió.

Una forma de despedirse del equipo.

Iba en carrera, tenía por delante, cerrándola, a dos defensas contrarias. Podía pasar el balón o encararlas. ¿Pero superarlas? Imposible. Entonces, sin dejar de correr, cogió la pelota con los dos pies, la elevó por detrás, hacia delante, y mientras las defensas miraban el balón, sorprendidas por la acción, ella pasó por entre las dos, recogió la pelota al otro lado, se escoró a la izquierda y soltó un chutazo que se coló por toda la escuadra.

El campo entero, sus compañeras, todo el mundo enloqueció. También Mireia.

Cuando comprendió la genialidad que acababa de hacer, se echó a llorar. Faltaban cinco minutos para el final. Sepultada por las demás, pensó que, si alguien la había grabado, guardaría aquel gol como un regalo.

¿Por qué no repetirlo?

No tenía a dos defensas delante, solo a una, e Irene les había recordado que no estaban allí para chupar cámara o hacer filigranas. Sin embargo, lo hizo. Cogió la pelota entre los dos pies, la elevó, salió disparada eludiendo a la defensa por el lado derecho y, sin dejar que la pelota tocase el suelo, la chutó con todas sus fuerzas.

Esta vez, el balón acabó en las nubes, pero la jugada ya estaba hecha.

Fue una extraña liberación, como soltarse de una vez.

Después de los dos partidillos, el rodaje fue incluso aburrido. Ya no se trataba de jugar, sino de llevar a cabo acciones puntuales, con las cámaras casi encima de ellas, filmando tanto sus pies como sus rostros, mostrando el esfuerzo. Las volvieron a maquillar. A continuación, practicaron jugadas, lanzamientos de falta, de penalti, palomitas de las porteras... Y les hicieron tomas a todas, muy democráticamente. Otra cosa sería ver el montaje final. ¿Cuánto podía durar la canción de Taylor? ¿Cuatro, cinco minutos? Con ella frente a los monumentos de Gaudí, más su presencia al día siguiente y lo que estaban haciendo ahora...

Bueno, los videoclips solían ser cortos, sin escenas de más de tres segundos.

Pararon para comer media hora, a toda velocidad, y, acto seguido, volvieron al campo para las escenas finales. Esta vez les hicieron un primer plano a todas.

–¡Primero, cara de enfado; luego, reíd!

A las seis de la tarde, todo había terminado.

Se cambiaron, volvieron a vestirse y empezaron a desfilar una a una en dirección a la salida. Irene Castro les había dicho que, al día siguiente, el rodaje con Taylor empezaría sobre las doce, aunque eso siempre era imprevisible, tratándose de una estrella.

–¡Por si acaso, os espero a las once, para cambiaros y maquillaros! ¡Cuando ella llegue, a la hora que sea, todos hemos de estar a punto! ¡A la salida, en previsión de que mañana estén colapsados los accesos para llegar aquí, os daremos unas credenciales que os permitirán entrar sin problemas!

Mireia fue de las últimas en salir. Quería embeberse de aquella sensación: cambiarse en el vestuario donde lo hacían sus heroínas, Aitana, Alexia, Mapi, Patri, Claudia...

El vestuario en el que un día quería estar.

Se encontró con la ejecutiva de VideoSport al salir. A lo largo del día, la había tratado como una más, sin la menor deferencia. Esta vez, sin embargo, le dijo:

–Esa jugada de esta mañana...

–Lo siento, es que la hago a menudo –mintió–. Me ha salido sin más.

–No, si ha sido genial. Si llegas a meter ese gol...

–Lo hice el otro día –se jactó–. Subimos de categoría, ¿sabe?

–Enhorabuena. ¿Y lo del Barça?

–Dentro de unos días.

–Bien –le dio un golpecito en el hombro–. Hasta mañana, Mireia. Será un gran día, ¿verdad?

–No lo sabe usted bien –asintió ella.

Cuando salió del Estadi Johan Cruyff, se dio cuenta de que por allí no pasaban taxis y no tenía ni idea de cómo volver a casa.

55

Mireia había llevado bien, con discreción, lo de trabajar en la filmación de un vídeo. No quería alardear ni presumir, ni tampoco que su madre empezara a contárselo a las vecinas o Laia a sus amigas. Se había tomado en serio lo de la confidencialidad. Apenas si dijo nada al llegar a casa, cuatro palabras mal contadas. Pero, por la noche, los informativos, todos los programas de cotilleos o *late shows* hablaban de Taylor en Barcelona.

Por las redes circulaban cientos de vídeos tomados desde lejos por las fans, muchos desde lugares altos, como las casas próximas a cada momento: Taylor saliendo del hotel para entrar en un coche negro de cristales opacos, Taylor frente a la Sagrada Familia, Taylor frente a la Pedrera, Taylor frente a la Casa Batlló, Taylor paseando por el Parque Güell... Mireia se imaginó la ciudad colapsada por su presencia. De no haber sido por el partido, ella habría estado allí como una más. No había, en cambio, escenas de los interiores de los lugares. Imaginó que para preservar un poco el misterio del videoclip.

–¡Válgame el cielo! –dejó ir Damiana–. ¡Toda la ciudad paralizada por una sola persona!

–Es Taylor Swift, mamá –la defendió Mireia.

–¿Por eso te has ido todo el día fuera? Estabas ahí pegando gritos como una loca, ¿verdad?

–No, mamá.

–¡Venga ya, Mireia, que es tu cantante favorita!

–Pues no la he visto, mamá. Te recuerdo que he estado trabajando.

Al decir esto, Laia levantó las cejas. Se encontró con los ojos de su hermana mayor: «Calla».

Pero la bola ya era imparable.

Al final, en el informativo, la locutora anunció: «Mañana, Taylor Swift va a terminar el rodaje de su videoclip con una segunda jornada de trabajo en la ciudad y, pese al secretismo que lo rodea, se rumorea que lo hará en el Estadi Johan Cruyff acompañada por un grupo de...».

No se oyó ni la palabra «futbolistas».

Laia gritó:

–¡No fastidies! ¿Con ella?

Ventura, Damiana y Laia la miraron. Mireia se puso roja. Ya no había vuelta atrás, y lo sabía. Adiós a la confidencialidad. No había secreto posible cuando medio mundo sabía la verdad.

–No podía decir nada, era un secreto, firmé un documento de confidencialidad –se justificó–. ¡Os lo iba a contar mañana!

–Todo ese misterio...

–Sí, papá. Lo siento.

Laia era la más emocionada.

–En lugar de estar estudiando, ¿has perdido el día haciendo un videoclip? –protestó su madre.

–Mamá, lo que no haya estudiado antes no lo voy a aprender en un día. Es una oportunidad, no solo de ganar un dinero que me vendrá de fábula para las vacaciones, sino de conocerla en persona. ¿Crees que eso pasa todos los días?

–¿Le pedirás un autógrafo? –siguió excitada Laia.

–No lo sé. Nos han dicho que no podemos hablarle ni comportarnos como fans locas mientras estemos trabajando, pero que al final sí lo hará y nos darán algunos regalos. Es todo lo que sé.

–¡Te vas a morir! –se agitó su hermana.

–Espero que no –suspiró ella.

–¿Qué habéis estado haciendo hoy? –le preguntó su padre, el más calmado, como siempre.

–Jugar al fútbol. Nos han grabado. El videoclip se llama *Soccer*. Taylor ha elegido Barcelona no solo por Gaudí, sino porque el Barça es campeón de Europa, y España, del mundo. Lógico, ¿no?

–¿Y cómo te escogieron?

–Hice una prueba, eso es todo. Somos veintitrés, once contra once y una suplente.

–Pues mira, tres mil euros por cabeza tampoco es tanto, teniendo en cuenta que esta gente gana millones.

No podía discutir con su madre.

–¿Sabes cuánta gente verá en todo el mundo el vídeo?

–¡Te harás famosa! –Laia no paraba–. Seguro que te sacan en plan estelar, ¡con lo buena que eres jugando!

Se sintió cansada.

Le quedaba lo más importante, al día siguiente. Quería hablar con Pol, acostarse, olvidarse de la selectividad. En este sentido, era como Cenicienta. Iba a ser princesa por un día y luego, de vuelta a la realidad, con tres días de exámenes capaces de poner de los nervios a cualquiera.

–¿Habéis acabado? –los miró a todos.

–Vete a descansar, sí, hija –le sonrió su padre mientras alargaba la mano y cogía la de ella un instante, presionándosela–. Lo necesitas.

A veces, Mireia se preguntaba cómo sus padres llevaban tantos años juntos cuando no se parecían en casi nada.

Negativa ella. Positivo él.

El amor era raro.

56

Pol esperaba su llamada. Al salir del Johan Cruyff, Mireia sabía que no era buen momento para hablar, así que solo le había mandado un wasap: «Te llamo luego, después de cenar. Todo ha ido bien».

Ahora necesitaba hablar con él, no solo para contárselo todo. La voz de Pol la tranquilizaba. Era dulce.

–Hola.

–¿Qué tal?

–Hablo bajo porque mis padres se han enterado de qué iba lo de hoy, y lo que haré mañana, y ya te he contado cómo es mi madre.

–¿No les gusta que su hija haga cosas?

–Mi madre le saca punta a todo. Mi padre es de otra pasta. Y mi hermana... Bueno, ya la viste el día de mi cumple. Yo también tuve catorce años.

–Va, cuenta –la apremió Pol.

Se lo contó, todo, con detalle: el partido, su jugada estratosférica, las sensaciones, cómo había sido el rodaje... Parecía tranquila. Sin embargo, a medida que hablaba, empezó a venirse abajo.

Y entonces, sin más, se puso a llorar.

Ahogada por un súbito sentimiento.

–¿Mireia?

No podía hablar, se ahogaba.

–Mireia, ¿qué te pasa? –se preocupó él–. ¿Estás llorando?

–Lo siento –gimió.

–¿Por qué? ¡Todo va bien!

–Es que... –tragó saliva, pero la bola de su garganta era inmensa–. No sé... Tengo un mal presentimiento.

–¿Pero de qué hablas? ¡Todo va bien, todo está bien! ¡Estás nerviosa, eso es todo! ¡Y es normal! Los exámenes, el ascenso, la prueba del Barça... ¡Y mañana vas a conocer a la persona a la que más quieres!

–No, a la que más quiero no –le corrigió.

–¡A la que más admiras, ya me entiendes!

–Pol... –intentó ordenar sus emociones–. Tú mismo acabas de decirlo... –tomó aire para vencer el peso de su pecho–. Todo va bien, demasiado bien. Igual es que he salido a mi madre, pero... En la vida es imposible que todo te salga bien.

–¡¿Serás tonta?!

–No lo soy –apretó la mano libre, clavándose las uñas en la palma–. Es la ley de la probabilidad, ¿no? En unas pocas semanas te he conocido a ti, hemos subido de categoría, está lo del Barça y, ahora mismo, lo de Taylor. ¡Y queda la selectividad! –volvió a sentirse presa de una enorme negatividad–. ¡Algo ha de salir mal!

–¡No digas eso!

–¡Tengo un mal presentimiento!

–¡Lo que tienes es un ataque de pánico!

Cerró los ojos y se llevó la mano a la frente. Le pesaba la cabeza.

–Mireia, piensa en lo que dices, ¿vale? –siguió hablando Pol–. ¿Qué va a salir mal? Como no suspendas la selectividad o te digan que no en el Barça... Y eso no va a pasar, ¿de acuerdo? –se lo repitió–: No-va-a-pa-sar. ¿Por qué no piensas solo en mañana, en que vas a conocer a Taylor? Lo del Barça y la sele vendrá después. Mañana es Taylor. Estás de los nervios por eso, nada más.

Pol tenía razón.

Nervios.

Y, sin embargo, aquel maldito e inesperado mal presentimiento... ¿Por qué?

–Ojalá estuviera ahí, contigo –oyó susurrar a Pol.

–Quiero que pasemos una noche juntos –dijo de pronto.

Al otro lado, se hizo el silencio.

Pero fue breve.

–Yo también –siguió susurrando él.

–¿Crees que podríamos escaparnos un fin de semana? Invito yo –forzó una sonrisa por primera vez–. Voy a ser rica.

–Lo haremos, y lo celebraremos –dijo Pol–. Todo. Y brindaremos con cava cuando veamos el vídeo de Taylor, contigo de estrella.

–Igual ni me sacan.

–Mireia...

–Vale, vale, perdona.

–Respira.

Lo hizo. Respiró. A pleno pulmón.

–Prométeme que te tomarás algo caliente y te meterás en la cama.

–Te lo prometo.

–Abraza la almohada y piensa que soy yo.

–Eso es mucho pensar –llegó a reír un poco.

–Te quiero.

Eso era lo mejor.

Había una vida antes de Pol y una vida con Pol.

–Yo también –musitó–. Buenas noches.

57

Sometimes I feel like everybody
is a sexy baby
And I'm a monster on the hill
Too big to hang out, slowly lurching
toward your favorite city
Pierced through the heart,
but never killed.

(A veces siento que todos
son jóvenes y atractivos
y yo soy como un monstruo en la montaña.
Muy grande para salir por ahí caminando
lentamente en dirección a su ciudad favorita.
Con el corazón perforado,
pero nunca muerto).

Anti-Hero,
Taylor Swift & Jack Antonoff

Querida Taylor:
No sé por qué te escribo esta noche si voy a conocerte mañana.
Pero ya ves. Acabo de hablar con Pol, mi novio. Creo que es la primera
vez que uso conscientemente esta palabra: novio. Tú has tenido
muchos. Este, para mí, es el primero de verdad, y quiero pensar que
será el único. No creo que pueda sentir nada más por otra persona.
Y mucho menos tan fuerte.
¿Cómo serás? ¿Qué nos dirás al acabar la grabación? Seremos
muchas, pero de alguna forma sé que estaremos tú y yo a solas, y que
me hablarás a mí. Hoy estoy de los nervios, ese maldito mal presen-

timiento me ha destrozado. Pero sé que mañana todo irá bien, saldrá el sol y será uno de los días más importantes de mi vida. Si luego, además, salgo aunque sea un segundo en tu videoclip, ya me podré morir feliz.

He de acostarme. He de dormir. He de calmarme. ¿Cómo lo haces cada vez que vas a salir a un escenario con cincuenta mil personas esperándote? ¿Cómo no te mueres de miedo? Bueno, sí, yo salgo a jugar al fútbol, y tanto da que haya cien personas de público como más: me concentro en lo que he de hacer. Pero no es lo mismo.

Estás durmiendo en Barcelona, a menos de dos kilómetros de mí, lo he buscado. Es la vez que más cerca has estado. Pero mañana...

Me encantaría darte la mano.

O un beso.

Un abrazo.

Descansa. Yo lo intentaré también.

Nos vemos en unas horas.

Sigo escuchando Anti-Hero.

58

Llegó puntual al segundo día de rodaje en el Estadi Johan Cruyff. Esta vez se puso lo que mejor le sentaba, lo último de lo último, por si al final había incluso foto con Taylor, aunque lo más probable era que, si la había, las hicieran posar con sus uniformes de futbolistas.

Sorprendentemente, pudo dormir.

Eso indicaba lo agotada que estaba.

Volvió a coger un taxi. Era lo más rápido, teniendo en cuenta que el campo estaba fuera de Barcelona. De pronto, se sentía más tranquila. Fin de los nervios. Dejaba de ser una fan para ser una jugadora de fútbol contratada para participar en la grabación de un videoclip. Iba a cobrar por ello. Sí, el vídeo era para Taylor Swift, de acuerdo, y eso suponía conocerla y hacer realidad un sueño, pero nada más.

El taxi enfiló la salida de Barcelona por la Diagonal.

Un día precioso.

Al día siguiente, llegaría el turno del primero de los tres días de la selectividad, pero ahora, en ese instante, el día era precioso y ella iba en volandas al encuentro de algo impensable apenas unas semanas, unos días antes.

¿Cuántas de las veintitrés chicas sabrían inglés?

Era una buena pregunta. Muchas lo estudiaban, pero de ahí a hablarlo... Ella se había metido de lleno en el aprendizaje y dominio de la lengua precisamente gracias a Taylor. Quería entender sus letras. No traducirlas sin más: entenderlas. Por eso se había volcado y ahora era capaz de mantener una charla fluida, aunque siempre teniendo en cuenta los acentos. No hablaba igual un inglés que un estadounidense, y más si era del centro o del sur profundo. Si alguna de las veintitrés era escogida para hablar con Taylor, quizá fuese ella.

Soltó un suspiro tan fuerte que el taxista volvió la cabeza, medio alarmado, medio curioso.

No había un tráfico excesivo, iba bien de tiempo.

El taxi salió de la autopista y rodeó la ciudad deportiva del Fútbol Club Barcelona por el otro lado. Un enjambre de chicas estaba apostado frente a la puerta, de momento sin hacer ostentación de su presencia; es decir, calmadas y vigilantes.

–¿Qué pasa hoy aquí? –rezongó el taxista, más para sí mismo que para Mireia.

No le contestó. Cuando el taxi se detuvo, pagó la carrera y sacó la credencial que la autorizaba a entrar en la ciudad deportiva, como parte del equipo de rodaje del vídeo de Taylor Swift. Algunas chicas elevaron su voz y poco más:

–¿Quién es esa?

–¿Por qué entra sin más?

–Han llegado ya varias...

La temporada había terminado, así que nadie entrenaba. O quizá fuese que los de VideoSport habían contratado el recinto en exclusiva. Tampoco le importaba mucho.

Mireia cruzó la puerta de acceso, dejó atrás al vigilante que la custodiaba y avanzó unos metros. La primera señal de alarma apareció a los pocos pasos. Reconoció a dos de las chicas que habían participado en el partido de fútbol y las tomas del día anterior, una de cada equipo. Estaban hablando de manera enfervorizada.

Las oyó gritar:

–¡Podían haber avisado por teléfono!, ¿no?

–¡Sí! ¡Por inesperado que sea, un wasap es rápido!

–¡Es increíble!

–¡Como si venir hasta aquí fuese fácil!

–¿Y si mañana pasa igual?

Se acercó a ellas con el corazón en un puño. Recordó su mal presentimiento y se estremeció. Ni siquiera tuvo que preguntarles nada.

–No hace falta que entres –le dijo una.

–Han cancelado la grabación –apostilló la otra.

Mireia sintió que se quedaba sin fuerzas. La sobrecogió un frío glacial.

–¿Qué?

–Por lo visto, Taylor no acabó ayer lo que quería y va a hacerlo hoy –siguió la primera.

–Nos acaban de decir que lo nuestro se aplaza a mañana –concluyó la segunda.

El frío se convirtió en una oleada de fuego que la abrasó.

–No... puede ser –gimió.

–No pasa nada. Lo haremos mañana –se encogió de hombros la que había jugado en el equipo rojo.

–Sí, la pena es haber tenido que venir hasta aquí para nada –protestó la del equipo amarillo.

Mireia dejó de hablar con ellas, o más bien de escucharlas. Echó a correr hacia la entrada de la zona habilitada el día anterior para que se vistieran de futbolistas y las maquillaran. Le dolía el pecho. No dejaba de repetir:

–No... No... No...

Se encontró a Irene Castro de pie, sola, en un ángulo de la sala principal, leyendo unos papeles con cara seria. No tuvo el menor reparo en asaltarla.

–¡Irene!

La mujer levantó la vista de lo que estaba leyendo. Ya no hubo sonrisas. Solo la seriedad de su mirada.

–Hola, Mireia –la saludó.

–¿Es verdad?

–¿Lo de la cancelación? Sí. Lo siento. Y que conste que el equipo de Taylor nos ha avisado hace apenas unos minutos. Imposible llamaros a todas. Lamento que hayas tenido que venir para nada. Mañana...

–¡Mañana empiezo la selectividad! –gritó Mireia.

Irene Castro ni parpadeó.

Pero su mirada lo dijo todo.

–¿A qué hora acabas?

–El último examen es por la tarde. ¡Termino a las cuatro y media!

La responsable de VideoSport soltó una bocanada de aire.

Fue explícita:

–Lo siento –dijo.

–¿Que lo siente? –sintió una oleada de rabia.

–¿Qué puedo decirte? –cambió la seriedad por un sesgo de tristeza–. No se puede luchar contra los imponderables.

–Pero yo... ¡Yo soy de las elegidas!

–Tendrá que sustituirte la suplente, aunque ya no habrá partido de fútbol, solo tomas con Taylor.

La suplente.

Intentó no llorar, pero le costó.

–Puedo estar aquí a las cinco... ¡Igual, para entonces, aún no han terminado y...!

Hablaba por hablar, pero Irene Castro trató de ser comprensiva.

–Ven, sí. Tal vez tengas suerte, Taylor llega tarde, todo se retrasa... Nunca se sabe con las estrellas del pop, son imprevisibles. Inténtalo. Es cuanto puedo decirte.

Cuanto podía decirle.

Un montón de sueños se desvanecían como el rocío de una mañana batida por el sol.

–Gracias... –apenas pudo balbucear Mireia.

Echó a andar hacia la puerta. Llegaban más chicas. Había ya grupitos y revuelo por el aplazamiento de la sesión. Mireia se preguntó si era la única que tenía exámenes de selectividad. La única con tan mala suerte.

Cuando salió de las instalaciones del Fútbol Club Barcelona, frente a las fans que todavía esperaban la llegada de Taylor, echó a andar sin más, como una zombi, con la cabeza del revés y una absoluta sensación de fracaso invadiéndola de pies a cabeza.

–Mierda... –rompió a llorar al darse cuenta de que su maldita premonición se había cumplido.

59

Intentó estudiar.

Pero le costó.

Si además de no poder conocer a Taylor, cuando tan cerca había estado, suspendía la selectividad, sería mucho peor.

¿Y si se saltaba los exámenes de ese día?

Podía estar enferma, ¿no?

Lo recuperaría después, en la convocatoria extraordinaria de septiembre. Estudiaría durante el verano...

–Anda, cállate –se dijo a sí misma–. No digas burradas.

No era una cría, y había prioridades. Jugarse el futuro no era una opción.

Lo peor fueron las explicaciones.

A Pol.

A sus padres.

A Anna.

A Sandra.

A Laia.

Jamás se había sentido más abatida.

La solidaridad no era un consuelo.

Taylor Swift la miraba desde los pósteres, con su eterna sonrisa congelada. Ojos turbios de mirada alegre sobre aquella boca roja tan expresiva. Ella seguiría con su vida. Jamás sabría que una de sus futbolistas barcelonesas había perdido la oportunidad de verla y conocerla por la maldita mala suerte.

Para el recuerdo solo quedaría el video de *Soccer*.

Un videoclip que vería un millón de veces.

Por la noche, ya no tenía más lágrimas que derramar ni podía sentirse peor de lo que se había sentido a lo largo del día. Palabras como «hundida» o «desmoralizada» estaban ahí, presentes. Se notó agotada después de cenar, derretida y sin fuerzas. Incluso le costó tragar la comida, por la bola que tenía en la garganta. Se refugió en su habitación en silencio después de un fraternal y cariñoso abrazo de Laia, que era la que mejor la comprendía.

Se durmió sin darse cuenta.

60

Se levantó con la cabeza turbia. Tanto que tardó unos segundos en darse cuenta de la realidad. Martes, 3 de junio: primer día de exámenes de selectividad. Saltó de la cama y, por una vez, bajó la cabeza para no ver los pósteres de su habitación. Era absurdo machacarse más. Se duchó, se vistió y desayunó en un tiempo récord. Antes de irse, a las ocho de la mañana, recibió las habituales despedidas de la familia.

Su madre:

–Tú tranquila, ¿eh?

Su padre:

–Ánimo, que ya sabes que puedes.

Su hermana Laia:

–¡Mucha mierda!

Cuando llegó, se encontró con los habituales cientos de chicos y chicas, la mayoría nerviosos y con cara de sueño, dispuestos a enfrentarse a la pesadilla del final de los estudios. Después de aquello, serían universitarios. Una categoría diferente en la vida y el estatus de cada cual. Había grupos que se conocían, grupos que hacían bromas, pero la mayoría intentaba no perder la concentración.

A las nueve en punto, habían pasado la inspección de datos.

Hora del primer examen, para todas y todos sin distinción: Lengua Castellana y Literatura.

Se encontró con un cuestionario verdaderamente sencillo, y eso la hizo animarse mucho. Comenzar bien aseguraba seguir mejor.

Se relajó. Se empeñó en no pensar en su diosa. Hizo el examen en una hora y cuarto, así que le sobraron quince minutos. Un largo tiempo extra para volver a pensar en lo que estaba sucediendo en las instalaciones del Fútbol Club Barcelona.

Porque lo peor fue el descanso, que terminaba a las doce.

La hora en que, se suponía, tenían que empezar a rodar con Taylor en el Estadi Johan Cruyff.

El examen de las doce era el de Lengua Extranjera.

Tal y como hablaba inglés, era el más fácil. Si con el primero le habían sobrado quince minutos, en este le sobró media hora. Y eso que lo revisó dos veces. La concentración, de todas formas, le era esquiva. Se imaginaba escenas con Taylor. Escenas que no rodaba ella, sino las otras. Una o dos veces odió los exámenes, su mala suerte, al mundo en general.

Dado que acabó antes, a la una del mediodía, tenía dos horas de margen para enfrentarse al tercer examen del día.

¿Y si cogía un taxi y se iba?

¿Y si solo dejaba de hacer el tercer examen de la jornada?

¿Y si...?

De nuevo, tuvo que apretar los puños y ser responsable.

Hizo cálculos.

El tercer examen acababa a las cuatro y media, pero si lo terminaba antes, como los de la mañana, tendría un poco más de margen. Suponiendo que Taylor hubiese sido puntual, llegando a las doce, ¿a las cuatro y media, como mucho las cinco, habrían terminado?

No, seguro que no.

Era su única esperanza.

Claro que, si llegaba tarde y no la dejaban cambiarse y hacer alguna toma, porque la suplente ya estaba allí en lugar de ella...

Le dolía la cabeza. Mientras comía, se tomó un hemicraneal.

No quería ver ni hablar con nadie, pero era difícil porque algunas y algunos la conocían. Otras la felicitaban por el ascenso de su equipo.

Finalmente, consiguió cierto aislamiento con la excusa de que quería estudiar.

A las tres de la tarde, entraron en el aula. Su examen era el de Literatura Dramática. Cruzó los dedos. Cuanto antes lo acabara, antes podría escaparse. Al llegar las preguntas, contuvo la respiración. No era fácil, pero tampoco difícil. Se lanzó a tumba abierta, robándole segundos y minutos al reloj. Intentaba no mirarlo, pero le era complicado no hacerlo.

Fuere como fuese, logró hacer el examen en cincuenta y cinco minutos.

Lo entregó y salió a escape.

Tardó más de cinco minutos en coger un taxi. Le pidió que la llevase al Johan Cruyff y le dijo que tenía mucha, muchísima prisa.

—Es cuestión de vida o muerte.

El taxista la miró por el retrovisor y, aunque pareció moverse rápido, la verdad fue que el tráfico, debido a la congestión por la hora, acabó siendo desesperadamente lento. Llegó al estadio de la ciudad deportiva a las cuatro y veinte de la tarde.

Las fans seguían agolpadas en el exterior.

Eso significaba que Taylor Swift seguía allí dentro.

Mireia bajó del taxi a la carrera. Llevaba su credencial de acceso en la mano y se la mostró al vigilante, sin dejar de correr. Los nervios la atenazaban. Suponiendo que hubieran empezado a las doce en punto, algo impensable, habían pasado cuatro horas y pico. Lo más probable, lo más lógico, sería que estuviesen todavía grabando.

La última puerta.

El momento de la verdad.

61

Cuando llegó a la sala de maquillaje, la encontró vacía.

–Por favor, por favor...

Se dirigió a la zona de rodaje. No se veía a nadie en el terreno de juego. Pero las tomas se hacían bajo techo. Hizo un esfuerzo final y miró primero en el gimnasio y después en el lugar donde se habían reunido todas el domingo, para recibir las instrucciones finales.

Nadie.

Vacío.

Sus esperanzas empezaron a desvanecerse.

Ni siquiera se veía a nadie de la productora o del Fútbol Club Barcelona.

Imaginó que debía de parecer una loca. Una chica corriendo a la desesperada sin saber adónde dirigirse ni a qué puerta llamar. Llegó a un pasillo desconocido, en lo más profundo de las instalaciones, y allí, por fin, se encontró con un hombre. Llevaba un mono de trabajo.

Lo asaltó.

–¡Perdone! ¿El rodaje del videoclip...?

El hombre la miró como si fuese una marciana. Su respuesta fue tan seca como demoledora:

–Eso ha terminado hace ya un buen rato.

A Mireia se le doblaron las rodillas.

–¡No puede ser! –gimió.

–Pues sí, porque han ido muy rápido. Las niñas ya se han marchado todas.

Las niñas...

Tuvo ganas de pegarle.

Mireia se quedó paralizada. No hubo más. El hombre pasó de ella, siguió caminando por el pasillo y desapareció tras una puerta, al final. Aquel lugar, de pronto, se le antojó silenciosamente horrible, impersonal y carente de alma. Un pasillo con puertas. Nada más.

«Eso ha terminado hace ya un buen rato». «Han ido muy rápido». «Las niñas ya se han marchado todas».

Fin del sueño.

Mireia se apoyó de espaldas a la pared y, despacio, a cámara lenta, se dejó caer hacia abajo. Quedó sentada en el suelo, incapaz de reaccionar, incapaz de moverse. La cabeza le daba vueltas, el vértigo amenazaba con desbordarla. Había sido un día de locura. Le había robado tiempo al último examen, y total ¿para qué?

Incapaz de moverse, hundió la cara entre las manos y se echó a llorar.

Lágrimas de impotencia.

Lágrimas de derrota.

Lágrimas llenas de la peor de las frustraciones.

Ni siquiera reaccionó cuando oyó un ruido, una puerta abriéndose en algún lugar cercano. Imaginó que sería el mismo hombre. Igual le pegaba cuatro gritos y la echaba de allí. No quiso levantar la cabeza. Las lágrimas eran suyas. Nadie tenía derecho a verlas. Pudo oír unos pasos silenciosos, breves. Alguien que caminaba con zapatillas y apenas hacía ruido. Un roce suave.

Los pasos se detuvieron ante ella.

Silencio.

Entonces, Mireia levantó la cabeza.

Y la vio allí delante, quieta, observándola con curiosidad, con la misma mirada de los pósteres y la misma sonrisa cálida.

Era Taylor Swift, y estaba sola.

62

La aparición le habló:

–*Are you okay?*[1]

Tuvo que reaccionar. Ni siquiera supo cómo lo hizo. Se levantó de un salto y quedó frente a ella. Esta vez, las piernas no se le doblaron. Resistieron. Taylor parecía recién salida de la ducha, llevaba un vestido ligero y vaporoso, escotado, de falda corta, y unas zapatillas deportivas blancas. El cabello le caía libre por encima de los hombros.

–*Yes...*[2] –pudo contestar.

–*Why are you crying here alone?*[3] –le preguntó la cantante.

Mireia acabó de despertar. ¿Estaba hablando a solas con Taylor Swift en un pasillo, sin nadie más a la vista?

Sí, estaba hablando a solas con Taylor Swift en un pasillo, sin nadie más a la vista.

¿Se desmayaba?

¿Lloraba?

–*On Sunday, I participated in the soccer game in your video. Since filming was canceled yesterday, I was supposed to record with you today, but I had exams... I just got back*[4] –dijo de una parrafada, haciendo acopio de valor.

---

[1] ¿Te encuentras bien?

[2] Sí.

[3] ¿Por qué estás llorando aquí sola?

[4] El domingo participé en el partido de fútbol de tu videoclip. Como ayer se canceló la filmación, hoy tenía que grabar contigo, pero tenía exámenes y acabo de llegar.

Era extraño, los nervios desaparecían.

Taylor seguía allí, hablando con ella, interesándose por ella. Increíble.

–*I'm sorry*[5] –suspiró la cantante con una enorme dulzura.

–*It doesn't matter now. I'm talking to you.*[6]

–*What is your name?*[7]

–Mireia.

Taylor trató de repetirlo, pero le salió una palabra de lo más rara. Mireia no pudo evitar sonreír.

–Mireia –insistió–. Mi-re-ia.

Esta vez lo hizo mejor. Pero acabó soltando una carcajada.

Una manera de reír contagiosa.

–*Do you play well?*[8] –preguntó de pronto.

–*I'm going to play for Barça. Well, Fútbol Club Barcelona*[9] –se arriesgó a mentir un poco.

–*That is fantastic! Congratulations!*[10]

–*Thanks*[11] –se sintió emocionada.

¿Cuánto iba a durar aquello? ¿Cuánto, antes de que Taylor siguiera su camino o apareciera un guardaespaldas para liberarla de las garras de una fan? Las celebridades como ella nunca estaban solas.

–Taylor...

–Mi-re-ia... –las dos volvieron a reír.

–*You are the best thing in my life*[12] –dijo emocionada.

La mirada de Taylor se dulcificó. En cambio, el tono de su voz fue sereno, firme.

---

[5] Lo siento.

[6] Ya no importa. Estoy hablando contigo.

[7] ¿Cómo te llamas?

[8] ¿Juegas bien?

[9] Voy a jugar en el Barça. Bueno, el Fútbol Club Barcelona.

[10] ¡Eso es fantástico! ¡Felicidades!

[11] Gracias.

[12] Eres lo mejor de mi vida.

–Don't say that. The best is always yet to come. How old are you?[13]
–I just turned eighteen.[14]

Taylor bajó la cabeza. Fue como si viajara a través del túnel del tiempo. Cuando volvió a hablar, a Mireia le pareció como si cantase para ella sola.

–I've been there, and you know what? Don't rush. Take your time.[15]
–Your music...[16]

–It's a reflection of who you are, who we all are. Here we feel what life gives us –se tocó el corazón–. *And there is nothing better in life than music.*[17]

Fue el momento en el que se abrió la tan temida puerta. Una mujer asomó por el hueco, se sorprendió al verla hablando con una desconocida y la llamó:

–¡Taylor!

Taylor Swift miró hacia ella. Taylor era una estrella, y su equipo y el mundo debían girar en torno a su persona, pero ahora no lo parecía. Tocaba cumplir órdenes.

Iba a marcharse.

Y, entonces, Taylor volvió a sonreír de oreja a oreja y le soltó de manera acelerada:

–Quick, take out your phone, we'll take a selfie![18]

Mireia reaccionó de inmediato. Abrió la bolsa, encontró el móvil, buscó la cámara y, cuando extendió el brazo, se dio cuenta de que estaba temblando. Taylor también lo notó, así que se lo cogió, se puso a su lado, la rodeó por los hombros con el brazo libre y ella misma hizo la foto.

---

[13] No digas eso. Lo mejor está por llegar siempre. ¿Qué edad tienes?

[14] Acabo de cumplir dieciocho.

[15] Yo los tuve. ¿Y sabes algo? No corras. Tómate tu tiempo.

[16] Tu música...

[17] Es un reflejo de lo que eres tú, lo que somos todos. Sentimos aquí lo que nos da la vida, y no hay nada mejor en la vida que la música.

[18] Rápido, saca el móvil, ¡nos haremos un selfi!

La foto.

Las fotos, porque fueron varias.

Con las cabezas pegadas y sonriendo.

Cuando le devolvió el móvil, la mujer que la llamaba ya estaba a su lado. No tuvo que decir nada.

Taylor se dirigió a Mireia por última vez:

—*I have to go! I'll drop off a few things for you before I go! Okay, Mireia?*[19]

Claro que estaba de acuerdo.

—*Thanks...*[20] —logró balbucear.

Taylor hizo ademán de echar a andar. No llegó a dar ni un paso. De pronto, se dio la vuelta, la abrazó y le dio un beso en la mejilla. Un largo y fuerte abrazo y un dulce beso de compañera y amiga.

—¡Adiós! —se despidió. Y lo remató con un divertido acento catalán—: *Adeu!*

Mireia la vio desaparecer por el pasillo. Se quedó sola. Se le ocurrió pensar que estaba dormida y acababa de soñarlo.

Tuvo que mirar el móvil para darse cuenta de que era verdad.

Allí había tres fotos de Taylor y ella, sonriendo felices no solo a la cámara, sino también a la vida.

—¡Jo! —soltó toda la adrenalina acumulada.

---

[19] ¡Tengo que irme! ¡Te dejo unas cosas antes de marcharme! ¿De acuerdo, Mireia?

[20] Gracias...

EPÍLOGO

Faltaban cinco minutos y estaban todos delante del televisor, metidos en YouTube.

Era el día.

El gran día.

El lanzamiento mundial de *Soccer*.

Estaba en casa, con sus padres y con Laia. Le habría gustado tener también a Pol a su lado. Incluso a Sandra y Anna. Pero la familia era la familia. Hasta su madre estaba emocionada.

–¿Seguro que esto lo van a ver tropecientos millones de personas en todo el mundo?

–Sí, mamá.

–¡Hay que ver!

Solo le faltó agregar: «¡Cuánta gente loca!».

–¡Y quedará para la historia! –apuntó Laia–. ¡Dentro de cien años, seguirá estando ahí!

Mireia miró con cariño a su hermana.

Algún día estarían solas, unidas frente a la vida. Pensó en cuántas hermanas se llevaban mal, sin sentido, sin pensar en ello. Durante años había sido la hermana mayor, la protectora. Quizá algún día fuese al revés, porque sentía que Laia era incluso más fuerte que ella.

Solo tenía que superar la locura de los catorce años.

–¡Ya lo han subido! –se dio cuenta Mireia.

Había un anuncio primero. Cómo no. Pero de inmediato empezaron a sonar las primeras notas de la contagiosa *Soccer*, una canción de dos tiempos, uno suave, cadencioso, al estilo de la hermosa *Cardigan*, y otro más rápido y trepidante, cien por cien bailable. En los primeros planos, el rostro de Taylor. Apenas unos segundos. Casi de inmediato, el ritmo... y el partido de fútbol.

–¡Ahí estás, ahí estás! –gritó Laia cuando la vio en una escena lejana.

Mireia no dijo nada.

El montaje del vídeo era vertiginoso. No tenía plano que durase más de dos o tres segundos. Habían mezclado el partido con las tomas del segundo día. En el partido, jugadas. En las tomas aparecía Taylor, entrando y saliendo en escena y cantando. Estaba muy guapa y vestida con el mismo uniforme rojo del equipo en el que había jugado Mireia. Cuando la canción pasó al primer bloque lento, salió ella sola con los monumentos de Gaudí detrás. La letra hablaba de una jugadora enamorada de la arquitectura que soñaba con viajar por el mundo. Al terminar ese primer bloque lento, volvía el ritmo, el partido.

–¡Mireia!

Allí estaba ella, haciendo aquella filigrana con el balón.

La habían aprovechado.

Su madre estaba boquiabierta. Su padre, con una lágrima asomando por los ojos. Laia daba saltos.

Mireia apareció en otros dos cortes, un casi primer plano y una jugada en la que regateaba a una rival y la pasaba a una compañera.

Era más de lo que había imaginado.

La canción duró cuatro minutos y cincuenta segundos, con tres bloques rápidos y tres lentos. Acababa de manera suave, con un primer plano de Taylor, sola. La cámara se alejaba y se veía una pelota en sus manos. La chutaba y... fin.

Ahí estaba todo.

Todo aquel trabajo resumido en cuatro minutos y cincuenta segundos.

Otro número uno para ella.

En la siguiente hora, lo vieron cinco veces más, sin que dejase de sonar el móvil. Mireia habló con Pol, con Anna, con Sandra, con otras compañeras de su recién ascendido equipo. Era un vértigo.

Ni siquiera supo cómo pudo abstraerse de todo y refugiarse en su habitación bastante después.

Estaba alucinada.

Se sentó en la cama y miró los pósteres. Como siempre, Taylor le devolvía la mirada. Solo que ahora la sentía como algo real. Los tres selfis, ampliados e impresos, presidían la mesa en la que estudiaba. También los regalos para ella: dos camisetas, un libro y un póster firmado. La misma habitación, un nuevo mundo.

Cada noche, recordaba el encuentro con su diosa en aquel pasillo. Y recordaba lo que le había dicho ella cuando quiso hablarle de la música que hacía: «Tu música...». «Es un reflejo de lo que eres tú, lo que somos todos. Sentimos aquí (se había tocado el corazón), lo que nos da la vida, y no hay nada mejor en la vida que la música».

Bueno, sí había algo tan bueno como la música.

En su caso, el fútbol.

Finalmente, estaba preparada.

Le había dicho a Taylor, temerariamente, que iba a ser futbolista del equipo femenino del Fútbol Club Barcelona. Y acababan de aceptarla. Iba a jugar en el Barça B la próxima temporada. Y estaba decidida a hacerse un hueco en el equipo titular, trampolín para llegar al equipo profesional y jugar en Primera División. El camino estaba abierto. Quedaba recorrerlo.

Se dejó caer hacia atrás, sobre la cama.

Las últimas semanas, meses, habían sido una locura.

Encima, le fue bien en la selectividad.

Cerró los ojos para pensar en Taylor, pero el que apareció en aquella oscuridad fue Pol.

Pol.

—Gracias, Taylor —susurró Mireia—. Bienvenido, Pol.

En ese instante, se dio cuenta de que, por más fan que fuese, la adolescencia quedaba atrás y acababa de dar el primer paso hacia esa cosa tan rara llamada «madurez».

Y lo que le esperaba era el futuro.

AGRADECIMIENTOS

Gracias, en primer lugar, a todas las personas reales que aparecen en esta ficción novelística. Por supuesto, hablo tanto de Taylor Swift como de las jugadoras del Fútbol Club Barcelona femenino. A todas, de entrada, gracias por darnos la alegría de la música y de los goles.

Descubrí a Taylor Swift hace años. No soy un *swiftie* de última generación. Como aficionado a la música e historiador del rock, no me pasó inadvertida la fulgurante aparición de aquella jovencita de apenas diecisiete años que amaneció sorprendentemente en los márgenes del country, la música rural americana por antonomasia. La experiencia me hizo ver rápidamente que Taylor era mucho más que eso: talento creativo, voz, imagen, sentimiento. Las bases de una carrera con mimbres. Lo mismo que Bob Dylan, paladín de la música folk y la canción protesta a comienzos de los años 60, se pasó al rock y se electrificó en 1965, era lo más natural del mundo que Taylor cruzara su Rubicón particular y se escapara de la burbuja del country para llegar a ser la gran artista que ha sido; sin duda, la voz femenina más importante de este siglo.

Hoy por hoy, todo lo bueno que se diga de ella es poco. Tres habían sido los grandes artistas que habían logrado en tres ocasiones el premio Grammy al mejor álbum del año: Frank Sinatra, La Voz, en 1960, 1966 y 1967; Stevie Wonder, en 1974, 1975 y 1977; y Paul Simon, en 1971 (como parte de Simon & Garfunkel), 1976 y 1987. Taylor los superó a todos con cuatro en 2024, después de los logrados en 2010, 2016 y 2021. Cuatro Grammy al mejor álbum en catorce años es también un hito, porque Sinatra los obtuvo con siete años de diferencia; Wonder, con cuatro, y Simon, con dieciséis pero contando su dúo con Art Garfunkel y su obra individual. En el momento de escribir esta novela, Taylor, con treinta y cinco años, tiene un enorme futuro por delante.

Escribir esta historia ha sido un divertimento, porque he aunado una de mis pasiones, la música, con una de mis aficiones, el fútbol. Rindo, de paso, homenaje a las miles de jóvenes que hoy juegan a este deporte por encima de prejuicios y estereotipos.

Doy las gracias a Elena Palacios, que me sugirió la idea hablando de Taylor en junio de 2024; a Alejandra González, por su ayuda a la hora de decidir cuáles eran sus mejores canciones, y al libro *Taylor Swift. La historia detrás de sus canciones* (Blume, 2024).

Larga vida al Rock. Larga vida a la Música.

Jordi Sierra i Fabra, abril de 2025